T0277801

STELLA ANDROMEDA

AFIRMACIONES ASTRALES

Empodera el Zodíaco para
generar cambios positivos

cincotintas

INTRODUCCIÓN

A principios del siglo xx, a un psicólogo y farmacéutico francés llamado Émile Coué se le ocurrió la idea de la autosugestión consciente para ayudar a superar los pensamientos negativos. El método consistía en repetirse la siguiente frase dos veces al día: «Cada día, en todos los sentidos, voy mejorando» (*Tous les jours à tous points de vue je vais de mieux en mieux*). Esto fue conocido como el Método Coué.

Hoy llamamos afirmaciones a esta forma de autosugestión consciente, a estas declaraciones que pueden ayudar a enfocarse en lo positivo y desafiar los pensamientos de autosabotaje. No es necesario limitarse a una sola declaración, como Coué. Las afirmaciones nos ayudan a contrarrestar la voz negativa insistente en nuestras propias mentes que puede impedirnos alcanzar nuestro verdadero potencial. Las afirmaciones positivas se cumplen tanto como las negativas, por lo que conviene centrarse en las positivas. Adquirir el hábito de una afirmación diaria puede, con el tiempo, contribuir en gran medida a mejorar el tipo de confianza en uno mismo que nos permite progresar.

Este libro incluye 366 afirmaciones diarias (incluida una para el 29 de febrero de los años bisiestos) para cada uno de los 12 signos solares del año.

Además, contiene una afirmación de cumpleaños específica para los nacidos en ese día, a fin de reforzar la influencia astrológica del signo solar bajo el cual nacen. Pero al nacer, todos nos vemos afectados por el «clima astrológico» que cambia y moldea nuestra experiencia diaria, y varía a lo largo del año. Tenerlo en cuenta puede amplificar el beneficio de nuestra afirmación diaria y ofrecer orientación y enfoque para todos y cada uno de los días del año.

LOS 12 SIGNOS DEL ZODÍACO

Aries
21 MARZO–20 ABRIL

Las palabras clave para los aries son: independientes, pioneros y extrovertidos. En general, directos, a veces hasta el exceso de franqueza, hay algo infantil en Aries, en su entusiasmo inmediato y apertura a nuevas ideas y acciones. Esto se debe a que Aries es el primer signo del Zodíaco y representa el nacimiento del año nuevo astrológico. También es un signo de fuego. Aries a menudo incita y motiva a los demás, pero, como el fuego, necesita ser realimentado constantemente por nuevas ideas y el apoyo de los demás para hacer las cosas.

Sea cual sea tu signo, usa esta energía para enfocar tus afirmaciones.

El signo opuesto a Aries es Libra.

Tauro
21 ABRIL–20 MAYO

Los nacidos bajo Tauro son fiables, tenaces y trabajadores. Para Tauro, la seguridad radica en las posesiones materiales y no son aptos para una existencia nómada, ya que prefieren echar raíces y crear una vida hogareña estable dondequiera que estén. Esta necesidad de seguridad significa que a menudo se manejan bien con el dinero, ganándolo, manteniéndolo y gastándolo en su hogar, un lugar seguro para ellos y para sus valiosas compras. Tauro es independiente y autónomo en muchos aspectos, hasta el punto de parecer reservado con sus sentimientos.

Usa el período de influencia de Tauro para centrarte en lo que realmente te importa y mantente firme en tus afirmaciones.

El signo opuesto a Tauro es Escorpio.

Géminis

21 MAYO–20 JUNIO

Los géminis son despreocupados, comunicativos, versátiles, despiertos y adaptables por naturaleza. Hay algo quijotesco en ellos que fascina a otros. Ocasionalmente laxos sobre la verdad de una situación, más que mentir deliberadamente, eluden el tema cuando les conviene. En consecuencia, se les considera veleidosos, de una dualidad intrínseca que se representa en su signo por los gemelos mitológicos Cástor y Pólux, que nacieron de la misma madre pero de padres diferentes. Esta dualidad se evidencia en su capacidad de asumir dos (o incluso más) roles, algo que es posible gracias a su adaptabilidad como Géminis, un signo mutable. Esto también puede perturbarlos y hacerles revolotear de una idea o trabajo a otro, con una especie de hiperactividad que puede agotarlos.

Usa la energía de Géminis para inspirarte, pero acuérdate de no perder el norte para que las cosas sucedan.

El signo opuesto a Géminis es Sagitario.

Cáncer

21 JUNIO–21 JULIO

Leales, amables, simpáticos: todo esto es cierto de los cáncer, pero también pueden parecer malhumorados, lo cual contradice lo que la gente cree saber de ellos porque, al igual que el cangrejo, su interior blando necesita a veces de un exterior duro para ocultar y salvaguardar sus sentimientos.

Cáncer está gobernado por la misteriosa Luna, que crece y mengua constantemente, y tiende a conjurar nuestro lado más femenino e intuitivo. Cualquiera que sea tu signo, durante el período zodiacal de influencia canceriana, hay mucho que ganar si reflexionas sobre las cosas, al igual que la luna refleja la luz del sol, para ayudar a enfocar tus afirmaciones.

El signo opuesto a Cáncer es Capricornio.

LOS 12 SIGNOS DEL ZODÍACO

♌

Leo
22 JULIO–21 AGOSTO

A los leo les gusta brillar en su mundo, irradiando energía y destilando alegría como un día soleado. Esa energía a menudo los hace creativos, ya sea en la esfera artística o empresarial, e incluso con un ojo en su propio legado, a veces hasta el punto de querer ser inmortalizados de alguna manera a través de la creación de algo de valor duradero.

Su visión de la vida es optimista, y esto a menudo los hace generosos y directos, magnánimos y dispuestos a compartir su buena fortuna. Eso es en parte lo que les confiere éxito. La fase de Leo es un buen momento para arrojar luz sobre nuestros sueños y aspiraciones, ayudar a que nuestra confianza se dispare y enorgullecernos de nuestros logros.

El signo opuesto a Leo es Acuario.

♍

Virgo
22 AGOSTO–21 SEPTIEMBRE

Tradicionalmente representado por la virgen (o doncella del maíz), hay algo de paradójico en Virgo porque este signo también está vinculado a la Madre Tierra creativa y fértil, por lo que podríamos decir que se asocia con la abundancia, pero una abundancia que a menudo se mantiene bajo control. Prácticos pero exigentes, concienzudos pero cálidos, adaptables pero reservados, son una combinación única de opuestos que a veces chocan y les causan estrés.

Regido por Mercurio, planeta de la comunicación, en Virgo esto a veces se expresa a través de un ojo crítico sobre nosotros mismos y los demás. Con tendencia a la autosuficiencia, durante la fase de Virgo es importante recordar el beneficio de las relaciones armoniosas y utilizar nuestros poderes de observación para el bien de estas, a veces guardándonos nuestros consejos.

El signo opuesto a Virgo es Piscis.

LOS 12 SIGNOS
DEL ZODÍACO

Libra
22 SEPTIEMBRE–21 OCTUBRE

Las palabras clave para Libra son equilibrio, armonía y diplomacia. Generalmente inclinados a crear paz, usan su elocuencia para calmar y aplacar ánimos; también son buenos oyentes y el signo menos combativo del Zodíaco. Eso no significa que Libra no disfrute debatiendo temas; de hecho, les encanta sopesar los pros y contras de una situación y tratar de acercar los extremos de acuerdo con su signo astrológico, la balanza. Los impulsa un gran sentido de la justicia y también una objetividad que les permite ver ambos lados.

Gobernado por Venus, el planeta del amor con su énfasis en la belleza, el arte y el placer, Libra presenta una inclinación hacia el lujo y la belleza, y enfatiza lo democrático y justo. Durante el paso de Libra, existe la oportunidad de ver lo que podría estar en desequilibrio en nuestras vidas y trabajar con su influencia para recrear la armonía que puede liberarnos para disfrutar de la vida más plenamente.

El signo opuesto a Libra es Aries.

Escorpio
22 OCTUBRE–21 NOVIEMBRE

Es uno de los signos más poderosos (y a veces difíciles): un verdadero jugador de póker, con tantas cosas bullendo en su interior que no siempre son obvias para quienes los rodean. También necesitan soledad para procesar toda esa actividad interna y este hecho puede darles reputación de malhumorados. Además, no siempre es fácil de entender su idealismo. Realmente creen en lo mejor y son muy positivos sobre la vida. De esto deriva una sensación de regeneración, de que cualquier cosa puede mejorarse o rehacerse.

Gobernado tanto por Plutón, planeta del inframundo, como por Marte, y representado por el escorpio con aguijón, la intensidad del momento de Escorpio puede ayudarnos a conectar con nuestros deseos más íntimos o despojarnos de viejas preocupaciones e inhibiciones que nos coartan. Esta es una energía poderosa, pero no le temas, porque podría ser transformadora.

El signo opuesto a Escorpio es Tauro.

♐ Sagitario

22 NOVIEMBRE-21 DICIEMBRE

Sagitario se caracteriza por la independencia de mente, cuerpo y espíritu, y esto se halla en el centro de su enfoque vital. Irradia positividad, porque para él todo es posible: es seriamente optimista y de alguna manera esto parece abrirle puertas, sobre todo porque resulta difícil resistirse a su positividad. Todo esto le hace una compañía atractiva, pero la desventaja es que puede que no se quede cerca mucho tiempo: su independencia hace que sea muy inquieto y vaya siempre en busca de nuevas ideas, lugares y personas.

Gobernado por el benévolo planeta Júpiter, hay algo optimista en la fase de Sagitario. Puede que no sepamos a dónde nos lleva, pero cuando el centauro dispara su flecha, podemos seguir su trayectoria con el corazón y la mente abiertos, y eso es lo que nos regala a todos nosotros.

El signo opuesto a Sagitario es Géminis.

♑ Capricornio

22 DICIEMBRE-20 ENERO

Capricornio se representa como una cabra segura y ágil, inspirada para alcanzar la cima de la montaña y feliz de aplicarse en ello. No se trata del camino fácil hacia el estatus y la aclamación en la vida, sino de cómo trabajamos para lograr nuestras ambiciones y lo que queremos a través de nuestros propios esfuerzos en lugar de la suerte o el azar.

Regido por el planeta Saturno, a menudo referido como el maestro de los cielos, no hay atajos para el éxito durante la fase de Capricornio, pero con autosuficiencia y compromiso, todo son posibilidades de éxito. También existe un aspecto práctico y lúdico en Capricornio que significa que podemos abordar lo que debamos hacer con optimismo, a sabiendas de que vamos a hacer lo necesario para lograr nuestro objetivo, aunque no resulte obvio a primera vista.

El signo opuesto a Capricornio es Cáncer.

LOS 12 SIGNOS
DEL ZODÍACO

Acuario
21 ENERO-19 FEBRERO

Existe una vena humanitaria en el corazón de Acuario que abarca grupos de amistad y conocidos de todas las razas, colores y credos, y la visión y las ideas que pueden beneficiar a la humanidad. Se trata menos de gratificación inmediata que de saber trabajar juntos a largo plazo para el bien de muchos en lugar del individual.

Acuario está gobernado por el planeta Urano, una influencia disruptiva pero beneficiosa, que sacude el orden de las cosas para crear oportunidades de cambio, innovación e invención. El tiempo de Acuario nos brinda la oportunidad de examinar el *status quo* y comprobar si es lo mejor para la mayoría. Aprovecha el momento de Acuario para refrescar tus ideas, enfocándote en un cambio positivo que te liberará de viejas ideas restrictivas que ya no te sirven.

El signo opuesto a Acuario es Leo.

Piscis
20 FEBRERO-20 MARZO

Imaginativo, empático, intuitivo y a veces espiritual hasta el misticismo, Piscis es rápido mentalmente, como los peces que atrapan la luz mientras se mueven veloces en las profundidades marinas. Este, el duodécimo signo del Zodíaco, se asocia con la regeneración espiritual que anuncia lo nuevo (encarnada en el signo que sigue, Aries). Y como signo de agua, Piscis vincula los dos mundos de la vida interna y externa, situándose en el punto de unión de la realidad con el reino de la imaginación, lo cual lo convierte en uno de los signos más creativos.

Regido por el planeta Neptuno, dios del mar, enseguida se intuye que Piscis alberga profundidades ocultas. Posee una gran imaginación y es tremendamente compasivo, tanto consigo mismo como con los demás. La fase de Piscis es una oportunidad maravillosa para escuchar esa voz interior apacible y delicada y saber lo que revela sobre nuestras esperanzas, aspiraciones y sueños.

El signo opuesto a Piscis es Virgo.

LAS 12 CASAS

La carta natal se divide en 12 casas, que representan áreas y funciones de tu vida. Cuando algo está en una casa –por ejemplo, Libra (equilibrio) está en la quinta casa (creatividad y sexo)–, se abre una forma de interpretar las influencias que pueden surgir y cómo podrías abordar un aspecto concreto de tu vida.

Cada casa se relaciona con un signo solar, de modo que cada una está representada por algunas de las características de ese signo, que se dice que la rige. Tres de estas casas se consideran místicas, y están emparentadas con nuestro mundo psíquico interior: la cuarta (hogar), la octava (muerte y regeneración) y la duodécima (secretos).

CASA I
EL YO, REGIDA POR ARIES

Esta casa simboliza el yo: tú, quién eres y cómo te representas a ti mismo, tus gustos, tu enfoque vital. También representa cómo te ves a ti mismo y lo que quieres de la vida.

CASA II
LAS POSESIONES, REGIDA POR TAURO

La segunda casa simboliza tus pertenencias, lo que posees, incluido el dinero; cómo lo ganas o adquieres tus ingresos; y tu seguridad material y las cosas físicas que llevas contigo a medida que avanzas por la vida.

CASA III
LA COMUNICACIÓN, REGIDA POR GÉMINIS

Simboliza la comunicación y la actitud mental, en especial cómo te expresas. También cómo te desenvuelves en el seno familiar y en la escuela o el trabajo, e incluye cómo piensas, hablas, escribes y aprendes.

CASA IV
EL HOGAR, REGIDA POR CÁNCER

Representa tus raíces y tu hogar, presente, pasado y futuro, por lo que incluye tanto tu infancia como la madurez. También abarca lo que el hogar y la seguridad representan para ti.

CASA V
LA CREATIVIDAD, REGIDA POR LEO

Anunciada como la casa de la creatividad y el juego, también incluye el sexo, el impulso creativo y la libido. Representa la especulación en finanzas y en el amor, los juegos, la diversión y el afecto: los asuntos del corazón.

CASA VI
LA SALUD, REGIDA POR VIRGO

Está relacionada con nuestra propia salud física y emocional, y lo robusta que es; pero también la salud de aquellos a quienes cuidamos o brindamos apoyo, desde miembros de la familia hasta colegas de trabajo.

CASA VII
LAS RELACIONES, REGIDA POR LIBRA

Contraria a la primera casa, esta refleja objetivos compartidos y relaciones íntimas, nuestra elección de pareja y el éxito de las relaciones. También representa asociaciones y adversarios en el ámbito profesional.

CASA VIII
LA REGENERACIÓN, REGIDA POR ESCORPIO

Léase muerte como regeneración o transformación espiritual; esta casa refleja legados y lo que heredas tras una muerte, en rasgos de personalidad o materialmente. Debido a que la reproducción requiere sexo, también representa el sexo y las emociones sexuales.

CASA IX
LOS VIAJES, REGIDA POR SAGITARIO

La casa de los viajes de larga distancia y la exploración, también de la amplitud de miras que el viaje puede traer, y la manera en que eso podría expresarse. Simboliza, además, la presentación de ideas surgidas del esfuerzo literario o la publicación.

CASA X
LAS ASPIRACIONES, REGIDA POR CAPRICORNIO

Representa nuestra aspiración y estatus, lo elevada que nos gustaría que fuera nuestra posición pública, nuestras ambiciones, nuestra imagen y lo que deseamos lograr en la vida, a través de nuestro esfuerzo.

CASA XI
LAS AMISTADES, REGIDA POR ACUARIO

Esta casa representa las amistades y conocidos, nuestra visión e ideas. Tiene menos que ver con la gratificación inmediata que con los sueños a largo plazo y cómo estos podrían realizarse a través de nuestra capacidad de trabajar en armonía con los demás.

CASA XII
LOS SECRETOS, REGIDA POR PISCIS

Considerada la casa más espiritual, es también la casa del inconsciente, de los secretos y de lo que oculto, lo escondido. También refleja las formas secretas en que podríamos sabotear o encarcelar nuestros propios esfuerzos al no explorarlos.

Afirmación diaria

Cosas que parece que se están derrumbando
es posible que en realidad estén encajando.

ENERO

Lo que te frena no es lo que eres,
sino lo que crees que no eres.

Afirmación de cumpleaños

Añadirse a la multitud es fácil, quedarse solo
y hacer lo correcto es duro.

ENERO

02

Elige conscientemente amigos que sepas
que te van a respaldar.

Afirmación de cumpleaños

Afirmación diaria

Cada día, enfréntate a algo
que te asuste y hazlo.

ENERO

03

Agarra tus sueños porque son el principio
de los cambios positivos.

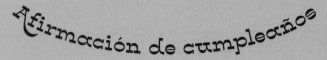

Afirmación de cumpleaños

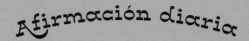

Afirmación diaria

Un sueño no funciona si no estás dispuesto
a trabajártelo.

ENERO

04

Cuando se cierre una puerta,
busca otra que abrir.

Afirmación de cumpleaños

Afirmación diaria

El único secreto para avanzar
es ponerse manos a la obra.

ENERO

A veces la pasión solo precisa una pizca
de valentía para conseguir algo.

Afirmación de cumpleaños

De nada sirve vivir en el pasado:
cada día es un nuevo comienzo.

ENERO

Mantente fiel a tu visión y confía en que se
desplegará en el momento oportuno
y de la manera adecuada.

Afirmación diaria

El vaso no está ni medio vacío ni medio lleno:
siempre puede rellenarse.

ENERO

Eres lo que hagas repetidamente, así que
vigila bien dónde inviertes tu esfuerzo.

Afirmación de cumpleaños

Una persona lista sabe que puede aprender
algo de todo y de todos.

ENERO

08

Ocurren cosas maravillosas cuando
una serie de pequeñas cosas encajan.

Afirmación de cumpleaños

En ocasiones, lo que hace falta es cambiar
uno mismo y no tanto cambiar de entorno.

ENERO

Si poner más empeño no es la respuesta,
intenta probar de otro modo.

Afirmación de cumpleaños

Afirmación diaria

El peso no es lo que mata,
sino la manera de cargar con él.

ENERO

Céntrate en las estrellas de arriba
y no en el lodo de abajo.

Afirmación de cumpleaños

Afirmación diaria

Todos podemos sacudir el mundo,
aunque sea dándole un suave meneo.

ENERO

La diferencia entre lo ordinario y lo
extraordinario es ese pequeño «extra».

Afirmación de cumpleaños

Afirmación diaria

Esfuérzate en el trabajo, sé amable y
contempla las cosas asombrosas que ocurrirán.

ENERO

12

Cada día ofrece la oportunidad
de reescribir tu historia.

Afirmación de cumpleaños

Afirmación diaria

La próxima vez que sientas que te hundes,
no dejes de mirar la luz de la superficie.

ENERO

13

Mantén la cabeza alta
y el corazón esperanzado.

Afirmación de cumpleaños

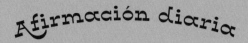
Afirmación diaria

En los momentos oscuros, siempre hay
un rayo de luz: deja que te guíe.

ENERO

Allá donde vayas, lleva contigo
todo tu corazón.

Afirmación de cumpleaños

Son sabios los que aprenden a convertir
sus heridas en sabiduría.

ENERO

No temas nunca tu propio poder,
reconócelo y úsalo.

Afirmación de cumpleaños

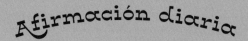

Afirmación diaria

Necesitas marcharte del lugar donde creciste
para ver lo grande que es el mundo.

ENERO

16

Nada logrará apagar una luz que brilla
desde el interior.

Afirmación de cumpleaños

Afirmación diaria

Todos los que te dicen «no» te ayudan
a encontrar tu verdadero camino.

ENERO

17

Un ganador es un soñador
que no abandonó sus sueños.

Afirmación de cumpleaños

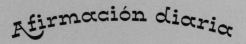

Afirmación diaria

No seas preso de nada
que no puedas cambiar.

ENERO

Escucha a tu corazón, porque posee
la clave de tu alma.

Afirmación de cumpleaños

Afirmación diaria

La vida es aburrida si nunca te arriesgas.

ENERO

Decir claramente lo que quieres facilita
que los demás puedan ayudarte.

Afirmación de cumpleaños

Trabaja el arte de la escucha porque
te revelará muchas cosas.

ENERO

20

Los pies que calzan tus zapatos pueden
llevarte en cualquier dirección.

CAPRICORNIO

Afirmación diaria

La oscuridad no se combate con oscuridad:
trata de encontrar ese pequeño haz de luz.

ENERO

21

Empieza hoy tu historia y disfruta
escribiendo cada palabra.

Afirmación de cumpleaños

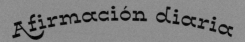

Afirmación diaria

Hoy tienes la posibilidad de construir
el mañana de tus sueños.

ENERO

22

Comprométete hoy a aprovechar al máximo
el resto de tu vida.

Afirmación de cumpleaños

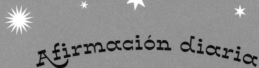

Afirmación diaria

Si piensas en rendirte, acuérdate de todos a
los que quieres demostrar que se equivocaban.

ENERO

23

Los sabios saben que no se trata de cambiar
el mundo, sino de que cambies tú.

Afirmación de cumpleaños

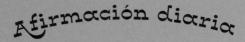

Olvídate de perseguir el éxito; en lugar de ello,
conviértete en una persona de verdadera valía.

ENERO

24

No sacarás ningún provecho de ser una
persona tímida. Estás hecho para brillar.

Afirmación de cumpleaños

Afirmación diaria

Solo hay una persona que necesitas superar:
la persona que eras ayer.

ENERO

25

Sé tú quien anime a otros a florecer
con esta energía.

Afirmación de cumpleaños

Las cosas que te duelen también son las que te
salvan porque te hacen cambiar.

ENERO

26

No lamentes lo que todavía no has conseguido:
construye a partir de lo que ya tienes.

Afirmación de cumpleaños

Afirmación diaria

Dos cosas importantes que están bajo tu
control son tu ética laboral y tu actitud.

ENERO

27

Disfruta de los retrasos porque son momentos
para la pausa, el descanso y el reinicio.

Afirmación de cumpleaños

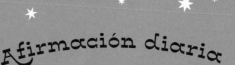
Afirmación diaria

Es normal sentir decepción si tu plan fracasa,
pero nadie podrá decir que no lo intentaste.

ENERO

28

Aspira a conseguir tus sueños
y no los sueños de los demás.

Afirmación de cumpleaños

ACUARIO

Afirmación diaria

La acción es la clave
para desbloquear lo posible.

ENERO

29

Cuestiona siempre el estado de las cosas
y forma tus propias opiniones.

Afirmación de cumpleaños

Afirmación diaria

Un objetivo es en realidad un sueño al que
asignas una fecha de cumplimiento.

ENERO

30

Si deseas conseguir más logros, motívate
con algo que te encante de verdad.

Afirmación de cumpleaños

Afirmación diaria

El éxito es válido solo cuando se corresponde
con tus valores e ideales.

ENERO

31

Nada crece sin una semilla, y requiere tiempo
y dedicación para florecer.

Afirmación de cumpleaños

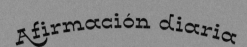

Afirmación diaria

Ignora lo que podría salir mal y céntrate
en lo que podría salir bien.

FEBRERO

Haz que seas recordado como la persona que
nunca renunció a lo que le importaba.

Afirmación de cumpleaños

Afirmación diaria

La derrota es un estado mental, un estado
que siempre se puede modificar.

FEBRERO

No te aflijas: los días buenos aportan felicidad;
los malos, experiencia.

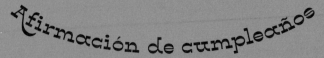

Afirmación de cumpleaños

Camina solo y es posible que llegues a lugares espectaculares donde nadie haya estado antes.

FEBRERO

03

Tu lucha ayuda a identificar
y desarrollar tus fortalezas.

Afirmación de cumpleaños

Afirmación diaria

Las flores volverán a crecer pasado
incluso el invierno más duro.

FEBRERO

Camina hacia el sol:
nada te hará sombra.

Afirmación de cumpleaños

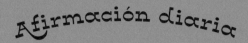

Afirmación diaria

La única diferencia entre la persona que eres
y la que deseas llegar a ser es lo que haces.

FEBRERO

05

Sé paciente y espera lo que de verdad
mereces, no te conformes con menos.

Afirmación de cumpleaños

Afirmación diaria

Si no entras en el juego de la vida y juegas,
no vas a ganar.

FEBRERO

Son tus decisiones, no tus circunstancias,
las que revelarán quién eres.

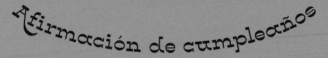

Afirmación de cumpleaños

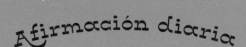

Afirmación diaria

Haz una pausa cuando te sientas cansado,
reposa para recuperar tu determinación.

FEBRERO

Cada mañana te despiertas con la
oportunidad de crear el día que desees.

Afirmación de cumpleaños

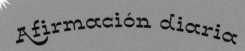

Afirmación diaria

El carácter se revela en nuestra manera de tratar a las personas que no pueden hacernos favores.

FEBRERO

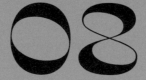

Crea una vida con sentido simplemente buscando el sentido que te importe a ti.

Afirmación de cumpleaños

Tu mundo acabará muchas veces y luego
volverá a empezar a la mañana siguiente.

FEBRERO

Un día, aquello que hayas superado inspirará
a otra persona para sobrevivir.

ACUARIO   55

Afirmación diaria

Si la vida te da limones, exprímelos,
endulza el zumo y comparte el optimismo.

FEBRERO

Sé el héroe de tu propia vida.

Afirmación de cumpleaños

La vida no es siempre fácil, pero siempre hay
lugar para cambios que valen la pena.

FEBRERO

El temor ante lo desconocido es fácil de paliar.

Afirmación de cumpleaños

Afirmación diaria

Si alguien se siente amenazado por tu poder,
eso tiene que ver con su debilidad, no con la tuya.

FEBRERO

12

La puerta siempre se abre para los valientes
que se atreven a llamar.

Afirmación de cumpleaños

Afirmación diaria

Di claramente y sin complejos
lo que te importa.

FEBRERO

13

Sea lo que fuere lo que haya ocurrido,
la historia debe seguir y sigue.

Afirmación de cumpleaños

Afirmación diaria

Esperar cambios sin esfuerzo es como esperar
un barco en el aeropuerto.

FEBRERO

Tu futuro te necesita; tu pasado, no.

Afirmación de cumpleaños

Afirmación diaria

El fracaso es un aviso que te indica que vayas en otra dirección.

FEBRERO

La vida es una serie de miles de pequeños milagros, y tu trabajo consiste en darte cuenta de ellos.

Afirmación de cumpleaños

Afirmación diaria

Desarrolla raíces fuertes para que nada
te desestabilice.

FEBRERO

Trabaja para crear un mundo mejor para todos
los que lo habitan contigo.

Afirmación de cumpleaños

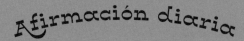

Cuando parezca que nada va bien,
dirígelo hacia otro lado.

FEBRERO

17

Invierte en ti mismo para cosechar
los mejores dividendos.

Afirmación de cumpleaños

ACUARIO

Afirmación diaria

Las personas de éxito alcanzan
el éxito a propósito.

FEBRERO

Conoce tu valor y sé claro respecto
a cómo esperas que te traten.

Afirmación de cumpleaños

Afirmación diaria

No estás perdido, estás reajustando velas.

FEBRERO

En el pasado, tu yo más joven está orgulloso
de lo lejos que has llegado.

Afirmación de cumpleaños

Afirmación diaria

Cuando prestas atención a las personas
que amas, florecen.

FEBRERO

20

Tómate un respiro, disfruta de la calma y comprueba
que no necesitas estar ocupado para sentirte vivo.

Afirmación de cumpleaños

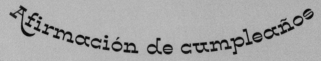

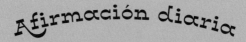

Puedes destilar toda la sabiduría humana y reducirla
a una simple instrucción: vive con esperanza.

FEBRERO

21

Permanece abierto. Permanece firme.
Permanece fiel a ti mismo.

Afirmación de cumpleaños

Afirmación diaria

No encontrarás paz en tu día a día hasta
que la encuentres en tu interior.

FEBRERO

22

La alegría debería formar parte del proceso,
no ser el objetivo.

Afirmación de cumpleaños

♓

Si el pasado te lastra, imagínalo
elevándote como una ola.

FEBRERO

23

Respeta el mundo y todo lo que hay en él,
incluido tú.

Afirmación diaria

No se puede calmar una tormenta, pero se puede esperar en calma a que pase.

FEBRERO

24

Espera lo mejor de la vida y procura encontrarlo con tu compromiso diario.

Afirmación de cumpleaños

Aprende a decir que no: es el mayor paso para conservar el control de tu vida.

FEBRERO

25

No pospongas para mañana lo que pueda hacerte feliz hoy.

Afirmación de cumpleaños

El mundo está lleno de maravillas:
míralas para encontrar sentido a tu vida.

FEBRERO

26

Suelta. Y luego vuelve a soltar.

Afirmación de cumpleaños

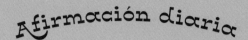

Afirmación diaria

Fija tus prioridades y deja que otros vean lo
que es importante para ti.

FEBRERO

27

Invita a la serenidad a tu vida
y dale espacio para crecer.

Afirmación de cumpleaños

Afirmación diaria

Tú ocupas el asiento del conductor
de tu propio destino.

FEBRERO

28

Alza el espejo o la vela de tu vida:
ambos ayudan a irradiar la luz.

Afirmación de cumpleaños

Afirmación diaria

Proponte cada día decirle a una persona
una cosa que admires de ella.

FEBRERO

29

El asombro que sentías de niño sigue
en tu interior a tu disposición.

Afirmación de cumpleaños

Afirmación diaria

Si escribes tus planes y objetivos,
es más probable que los consigas.

MARZO

Elige un momento a unos años vista e imagina
cómo quieres que sea tu vida.

Afirmación de cumpleaños

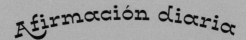

Afirmación diaria

La única forma de vivir una vida más plena
consiste en averiguar lo que de verdad te importa.

MARZO

02

Piensa en las personas que te hacen sentir
bien. Pasa tiempo con ellas.

Afirmación de cumpleaños

Afirmación diaria

Aprende a distinguir entre las cosas que
puedes cambiar y las que no.

MARZO

03

Simplifica tu vida: obtendrás la clarividencia
necesaria para alcanzar tus objetivos.

Afirmación de cumpleaños

En la vida, no se trata de evitar las dificultades,
sino de aprender a reconocerlas y superarlas.

MARZO

Elabora una lista de cumpleaños que empiece
así: «Hoy me siento agradecido por...».

Afirmación de cumpleaños

Afirmación diaria

La felicidad solo te pide que olvides lo que crees que debería ser la vida y que aceptes lo que realmente es.

MARZO

05

Posees tanta luz para brillar en el mundo
como cualquier otra persona.

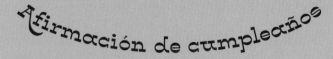
Afirmación de cumpleaños

♓

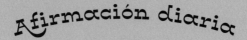

El éxito es el lugar donde finalmente confluyen
la preparación con la oportunidad.

MARZO

Abre la puerta con actitud positiva a todo
lo que siempre quisiste.

Afirmación de cumpleaños

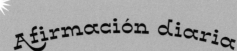

Afirmación diaria

Por negras que sean las noches,
el sol siempre sale.

MARZO

Está en tus manos llevar a cabo los cambios que
deseas; empieza poco a poco para crecer mucho.

Afirmación de cumpleaños

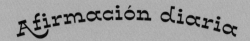

Afirmación diaria

Vive menos por hábito y más con intención.

MARZO

08

Hazte sentir orgulloso.

Afirmación de cumpleaños

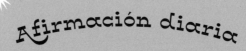

Afirmación diaria

Cambia el rumbo de tus expectativas dándote
cuenta de que lo que importa es tu experiencia.

MARZO

Avanza hacia el objetivo final de vivir la vida
como deseas vivirla.

Afirmación de cumpleaños

La sabiduría es la recompensa
de una experiencia ganada a pulso.

MARZO

10

Sé una persona a la que respetes
y sé reflejo de lo que admires.

Afirmación diaria

La vida siempre te brindará otra oportunidad.
Se llama mañana.

MARZO

11

Ama y honra a la persona en quien te has
convertido; te ha costado ganártelo.

Afirmación de cumpleaños

Las flores más singulares suelen florecer
en los medios más inhóspitos.

MARZO

12

No dejes de creer en ti,
siempre existe otra opción.

Afirmación de cumpleaños

PISCIS

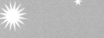

Afirmación diaria

Si subes la montaña, prepararás el camino
para los que van detrás.

MARZO

13

No esperes que te regalen flores.
Planta las tuyas.

Afirmación de cumpleaños

Una vida feliz empieza con la promesa
de buscarla.

MARZO

Tú eres suficiente y no tienes nada
que demostrarle a nadie.

Afirmación de cumpleaños

Afirmación diaria

Cuando llegues lo más lejos que creías poder
llegar, da un paso más.

MARZO

15

No te subestimes nunca. Solo mostramos
nuestra resiliencia bajo presión.

Afirmación de cumpleaños

♓

Comprende que con el sufrimiento llegan
las lecciones de vida que te van a ser útiles.

MARZO

Un héroe es una persona ordinaria que
encuentra la fuerza interior para continuar.

Afirmación diaria

Si el mundo te parece frío, corta leña
y enciende una hoguera.

MARZO

El coraje es la gracia bajo presión.

Afirmación de cumpleaños

Coloca los pies en el lugar debido
y luego mantente firme.

MARZO

18

Encuentra lo que te hace diferente porque
eso mismo es lo que te hace fuerte.

Afirmación de cumpleaños

Afirmación diaria

La vida no será más fácil, pero podemos
adquirir resiliencia con la experiencia.

MARZO

Deja que sean tus esperanzas, y no tus heridas,
lo que dé forma a tu futuro y te guíe.

 Afirmación de cumpleaños

Ten pensamientos amables. Di palabras
amables. Agradece las acciones amables.

MARZO

20

Descubre qué enciende la luz interior
que te mostrará el camino.

Afirmación de cumpleaños

Afirmación diaria

Es mejor quemarse y luego descansar que
carecer del fuego de la pasión.

MARZO

21

Camina con confianza, aunque debas
fingirla a trechos.

Afirmación de cumpleaños

♈

Afirmación diaria

Si no es algo positivo ni amable, no lo digas.

MARZO

22

Da las gracias a todos lo que te ayudaron
y te apoyaron para que llegaras.

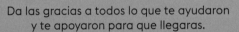

Afirmación de cumpleaños

Afirmación diaria

Promete solo aquello que puedas
(y quieras) cumplir.

MARZO

23

Sé fiel a ti mismo, siempre y todos los días.

Afirmación de cumpleaños

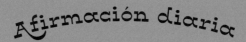
Afirmación diaria

Permanece abierto a otros pensamientos e ideas.

MARZO

24

Incluso la caña más fuerte se dobla con el viento.

Afirmación de cumpleaños

ARIES

Afirmación diaria

Las personas que transmiten inspiración comparten
una característica común: todas son valientes.

MARZO

25

Camina con la cabeza bien alta:
siéntete orgulloso de ser quien eres.

Afirmación de cumpleaños

100

Afirmación diaria

Desafía a los que te rodean
a dar lo mejor de sí y dales ejemplo.

MARZO

26

Busca la excelencia en todo lo que hagas.

Afirmación de cumpleaños

Afirmación diaria

El desapego no significa que no te importe,
sino que has dejado de intentar cambiar
a los demás.

MARZO

27

No estás encallado. Siempre hay opciones
que te permitirán crecer.

Afirmación de cumpleaños

Afirmación diaria

Cultiva la empatía hacia los que se crucen
en tu camino. No conoces sus historias.

MARZO

28

No temas ser tú para marcar la diferencia.

Afirmación de cumpleaños

Afirmación diaria

Si te sientes abrumado, divide las tareas
en porciones digeribles.

MARZO

Deja que tu naturaleza generosa reluzca
y muestre el camino.

Afirmación de cumpleaños

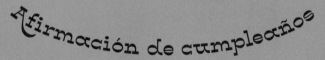

Afirmación diaria

Desata tu entusiasmo por la vida, el trabajo,
tus seres queridos, e inspira a los demás.

MARZO

30

Atrévete a soñar más y mejor que ayer.

Afirmación de cumpleaños

Afirmación diaria

Date permiso para invertir en una visión optimista de tu futuro.

MARZO

31

Tómate a ti y tus necesidades en serio.

Afirmación de cumpleaños

♈

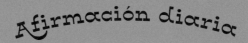
Afirmación diaria

Deja a un lado el ego y céntrate en objetivos
comunes para el bien de todos.

ABRIL

Celebra el éxito de los demás. Si a ellos les
llega, también puede llegarte a ti.

Afirmación de cumpleaños

Afirmación diaria

No temas mostrar tus vulnerabilidades.
Son lo que te hacen humano.

ABRIL

02

Sal con grandes esperanzas y el corazón
contento. Todo es como debe ser.

Afirmación de cumpleaños

♈

Decide hacer los cambios precisos;
no busques excusas para la inacción.

ABRIL

03

Vive lo que elijas, no lo que toque
por casualidad.

Afirmación de cumpleaños

Afirmación diaria

Ante todo, autenticidad.
A nadie le gustan los fraudes.

ABRIL

Sé la persona valiente que diga
lo que todos los demás piensan.

Afirmación de cumpleaños

♈

Afirmación diaria

Conviértete en el pegamento que una a otros
en comunidad y bondad.

ABRIL

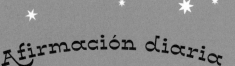

05

Siéntete feliz como la persona que has
despertado siendo hoy, e irradia esta positividad.

Afirmación de cumpleaños

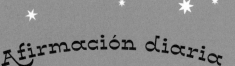

Si deseas encontrar la llama para encender tu fuego
sagrado, necesitarás embarcarte en su busca.

ABRIL

06

Rinde homenaje a todas las personas
en las que te inspiras.

Afirmación de cumpleaños

♈

Afirmación diaria

Las alas de la transformación nacen de la
paciencia y el esfuerzo. Pregunta a una mariposa.

ABRIL

Creer en ti es una cualidad atractiva
para los demás.

Afirmación de cumpleaños

Afirmación diaria

Cambiar a mejor no es un acontecimiento
del futuro, sino una actividad del presente.

ABRIL

El crecimiento personal es opcional,
pero siempre recompensa.

Afirmación de cumpleaños

♈

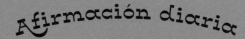

Afirmación diaria

Si deseas el éxito, necesitarás adaptación,
revisión y cambios constantes.

ABRIL

09

Si pretendes avanzar, sé honesto contigo
mismo acerca de lo que te lo impide.

Afirmación de cumpleaños

Afirmación diaria

Los momentos de dolor también pueden ser
momentos de transformación, aunque te resistas.

ABRIL

Pon el listón alto y niégate a ceder
por nadie ni nada.

Afirmación de cumpleaños

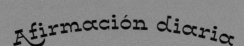

Ladrillo a ladrillo, construye la magia.

ABRIL

Todo son razones para que logres
tus mayores sueños.

Afirmación de cumpleaños

ARIES

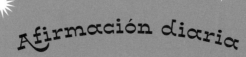

Afirmación diaria

Dicen que el tiempo cambia las cosas, pero
recuerda que no es el tiempo lo que cambia, sino tú.

ABRIL

12

La sorpresa es el motor del progreso;
prométete sorprenderte más a menudo.

Afirmación de cumpleaños

♈

Afirmación diaria

El fracaso siempre es una señal de que estás haciendo algo innovador.

ABRIL

13

Si no tuvieras sentimientos intensos –buenos o malos–, serías un autómata.

Afirmación de cumpleaños

Afirmación diaria

Si quieres cambiar algo, crea una forma nueva
que convierta la antigua en obsoleta.

ABRIL

Poseer no aporta alegría sin compartir.

Afirmación de cumpleaños

Afirmación diaria

Al fuego de tu propósito no le costará nada
destruir los obstáculos del camino.

ABRIL

15

La fe alza la mirada para ver lo alto
que puedes llegar.

Afirmación de cumpleaños

ARIES

Afirmación diaria

Las amistades pueden dejar una huella más
honda que el amor. Elige bien a tus amigos.

ABRIL

Enamórate de ti y abre la puerta
de la felicidad.

Afirmación de cumpleaños

Afirmación diaria

Respeta a quien te diga la verdad,
por duro que resulte escucharla.

ABRIL

Mantén abierto el corazón
y la compasión a mano.

Afirmación de cumpleaños

Afirmación diaria

Sé una persona abierta de miras y de buen
corazón, y llegarán amistades verdaderas.

ABRIL

La sabiduría significa saber cuándo es
momento de alejarse y minimizar pérdidas.

Afirmación de cumpleaños

Solo sentimos pena por lo que una vez
nos dio gran felicidad.

ABRIL

Sigue reinventándote.

ARIES 125

Afirmación diaria

Adquiere el hábito de ignorar cotilleos
y sandeces. No los necesitas.

ABRIL

20

Cuando soplen vientos de cambio,
construye un molino y no un muro.

Afirmación de cumpleaños

Un corazón resuelto conquista las dudas
sobre uno mismo.

ABRIL

21

Si los ojos miran al sol,
no ven las sombras.

TAURO

Afirmación diaria

Tus obstáculos pueden ser simplemente la
oscuridad que precede el amanecer.

ABRIL

22

No hace falta añadir nada
para que seas feliz.

Afirmación de cumpleaños

♈

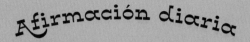

Afirmación diaria

Las dificultades suelen preparar a las personas
ordinarias para vidas extraordinarias.

ABRIL

23

Encuentra sentido en tu vida y comprenderás
el significado de ser feliz.

Afirmación de cumpleaños

A nadie le envían la sabiduría a casa,
hay que salir a descubrirla.

ABRIL

24

Acéptate y acepta tu vida entera
con todo tu ser y una gran sonrisa.

Afirmación de cumpleaños

♈

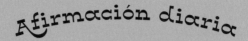

Afirmación diaria

Si no fuera por la esperanza,
el corazón se partiría.

ABRIL

25

Todo llega –a su debido tiempo–
a los que saben esperar.

Afirmación de cumpleaños

Afirmación diaria

El esfuerzo supera al talento, siempre.

ABRIL

26

Que el orgullo no te impida llorar, la seriedad
reír y el egoísmo ayudar a los demás.

Afirmación de cumpleaños

Las buenas decisiones son fruto de la experiencia,
que suele ser fruto de las malas decisiones.

ABRIL

27

La honradez debería ser el primer capítulo
del libro de tu vida.

Afirmación de cumpleaños

TAURO

133

Afirmación diaria

Observa, presta atención,
persevera y trabaja, y triunfarás.

ABRIL

28

Cada vida conlleva sus penas,
y estas suelen ser las que nos despiertan.

Afirmación de cumpleaños

♈

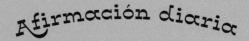

Afirmación diaria

Siempre puedes elegir la esperanza
como acto de voluntad.

ABRIL

29

Todos los viajes que realices empiezan
con un pequeño paso.

Afirmación de cumpleaños

Afirmación diaria

Cree siempre que mañana será mejor;
te ayudará a soportar las dificultades de hoy.

ABRIL

30

Cuando el alumno está listo,
el maestro le encuentra.

Afirmación de cumpleaños

Persigue la excelencia, no la perfección.

MAYO

01

Cuenta las cosas por las que te sientes agradecido y comprueba con humildad lo elevado que es el número.

Afirmación diaria

Habrás alcanzado la sabiduría cuando conozcas
el uso adecuado para tu tiempo y talento.

MAYO

Conocer a tu auténtico yo,
eso es la verdadera iluminación.

Afirmación de cumpleaños

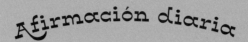
Afirmación diaria

Aquello a lo que nos resistimos persiste
hasta que lo afrontamos.

MAYO

03

Cuanto más tiempo te concentres,
más claro verás el camino.

Afirmación de cumpleaños

TAURO

Afirmación diaria

La manera de restar pena a la muerte consiste
en aprovechar el amor de la vida.

MAYO

Ya sabes qué hacer a continuación,
solo debes escuchar.

Afirmación de cumpleaños

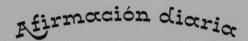
Afirmación diaria

Ten la valentía de cometer errores porque
te permiten crecer.

MAYO

05

Date permiso para buscar tu propia realidad.

Afirmación de cumpleaños

Afirmación diaria

La adversidad puede ser una llamada
de advertencia para que hagas
lo que tu corazón quiere.

MAYO

Sigue tu instinto y tu inteligencia interior.

Afirmación de cumpleaños

Un día verás que nada fue en vano.

MAYO

07

Suelta todo lo que no eres
y atesora lo que eres.

Afirmación diaria

El dolor es a menudo la puerta a través de la cual
accedemos a lo que necesitamos.

MAYO

Te conocerán para siempre por los pasos
que diste y las huellas que dejaste.

Afirmación de cumpleaños

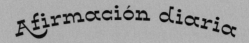

Afirmación diaria

Averigua qué no es verdadero para estar
seguro de lo que sí lo es.

MAYO

Fluye con facilidad siguiendo lo que
te resulta natural.

Afirmación de cumpleaños

Afirmación diaria

Educar la mente pero olvidarse de educar
el corazón no es para nada educación.

MAYO

10

Toda la paz yace en tu interior;
detente y encuéntrala.

Afirmación de cumpleaños

El optimismo es la piedra angular
de los verdaderos logros.

MAYO

Aviva la chispa de las posibilidades para que
se convierta en la llama del éxito.

Afirmación diaria

Tal vez necesites perderte para encontrarte
de nuevo.

MAYO

12

Lo que pienses es aquello
en lo que te convertirás.

Afirmación de cumpleaños

♈

La única cosa sobre la que posees poder
y control son tus propios pensamientos.

MAYO

13

La libertad no se da: siempre hay
que trabajar para ganársela.

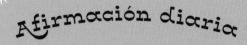

Afirmación diaria

Cada logro empieza con la decisión
de intentarlo.

MAYO

Eres capaz de más de lo que alcanzas
a imaginar.

Afirmación de cumpleaños

♈

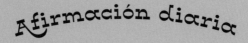

Todas las cosas que valen la pena exigen dolor,
esfuerzo y dificultad.

MAYO

15

Mantén abiertos los ojos:
nadie da en la diana si los cierra.

Afirmación de cumpleaños

Afirmación diaria

No te entristezcas cuando algo termine,
alégrate de que empezara.

MAYO

No pidas que las cosas sean fáciles,
pide que sean asombrosas.

Afirmación de cumpleaños

♈

Afirmación diaria

No llegues al final del camino sin haber
ganado victorias por vivir cosas.

MAYO

17

La alegría es un signo de sabiduría
y gratitud ganadas a pulso.

Afirmación de cumpleaños

Afirmación diaria

Cuanto más te pese el corazón,
con más fuerza ascenderás.

MAYO

18

Halla un propósito al cual servir en lugar
de un estilo de vida para seguir.

Afirmación de cumpleaños

♈

El mayor premio de la vida es la oportunidad de dedicar tu esfuerzo a algo que disfrutes haciendo.

MAYO

19

La esperanza es el fruto que nace cuando te conviertes en amo de tu vida.

Afirmación de cumpleaños

Afirmación diaria

La felicidad depende de la libertad,
y la libertad requiere coraje.

MAYO

20

Para todas las cosas,
exígete lo mejor de ti mismo.

Afirmación de cumpleaños

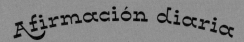

El corazón más ligero cargará
con el mayor peso.

MAYO

21

Sé feliz en este momento,
y sé amable cuando sea posible.

GÉMINIS   157

Afirmación diaria

Adopta un marco mental optimista
y alegre, y el éxito vendrá.

MAYO

22

La energía que repartes es la misma que
recibirás; querrás que sea positiva.

Afirmación de cumpleaños

♊

Afirmación diaria

Dedica más tiempo a ver el lado bueno
de la vida que el malo.

MAYO

23

Hoy busca activamente la diversión
en tu vida y deléitate.

Afirmación de cumpleaños

Afirmación diaria

La mayoría de problemas que te preocupan
en realidad nunca se presentarán.

MAYO

24

No te van a doler los ojos
por mirar el lado positivo.

Afirmación de cumpleaños

♊

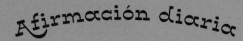

Afirmación diaria

Nadie necesita la llave de la felicidad,
pues se trata de una puerta siempre abierta.

MAYO

25

Busca la alegría en tu corazón,
no en tus circunstancias.

Afirmación de cumpleaños

Afirmación diaria

No dejes nunca que el miedo a perder
te impida formar parte del juego.

MAYO

26

Concéntrate cada día en vivir
la mejor vida posible.

Afirmación de cumpleaños

♊

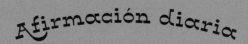

Afirmación diaria

Lo que más importa no es el tiempo
que vivirás, sino lo bien que vivas.

MAYO

27

Elabora un plan para iniciarlo hoy
y hallar tu destino.

Afirmación de cumpleaños

Afirmación diaria

Todo lo malo que te ocurra es una oportunidad
para elevarte por encima de ello.

MAYO

28

Solo comprenderás las lecciones
de vida importantes viviéndolas.

Afirmación de cumpleaños

♊

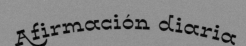
Lo mejor de tu vida serán todos tus gestos
silenciosos de bondad.

MAYO

29

Mira bien y siempre encontrarás algo
que te haga sonreír.

Afirmación de cumpleaños

Afirmación diaria

La vida se expande en proporción directa
a la valentía con que se vive.

MAYO

30

Tu vida será lo que decidas que sea.

Afirmación de cumpleaños

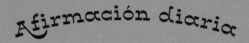

Afirmación diaria

Vive tus sueños, no tus miedos.

MAYO

31

No malgastes ni un latido más en cosas
que no importan.

Afirmación de cumpleaños

Afirmación diaria

No malgastes la vida esperando la tormenta
que puede no llegar nunca.

JUNIO

Sigue ahí el tiempo suficiente y la vida
te mostrará cómo vivirla bien.

Afirmación de cumpleaños

Afirmación diaria

Llegarás tan lejos como
lo permita tu mente.

JUNIO

02

Agradece a los demás sus limitaciones
y devuélveselas. No son tuyas.

Afirmación de cumpleaños

Afirmación diaria

Tus decisiones dicen a los demás
quién eres.

JUNIO

03

Tienes dos manos, una para ayudarte
y otra para ayudar a los demás.

Afirmación de cumpleaños

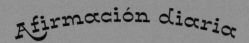

Afirmación diaria

Si quieres verte con claridad, observa
cómo reaccionan los demás ante ti.

JUNIO

No pierdas nunca la fe en la humanidad:
la tuya ni la de otros.

Afirmación de cumpleaños

Afirmación diaria

Sentarte a ver cómo transcurre la vida
no te ayudará a lograr tus objetivos:
levántate y persíguelos.

JUNIO

05

Las grandes bendiciones se encuentran
en tu interior y a tu alcance.

Afirmación de cumpleaños

♊

Deja que tus mayores dolores se transformen
en tus mayores fortalezas.

JUNIO

06

Siéntete feliz en este momento;
este momento es tu vida.

Afirmación diaria

Alégrate el día, alégrate la vida.

JUNIO

Tu mejor arma es un espíritu amable y bueno.

Afirmación de cumpleaños

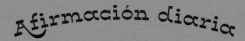

Afirmación diaria

Tu pasado no te define, pero te prepara
para lo que te aguarda.

JUNIO

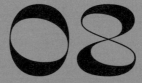

08

No hay nada más atractivo que un corazón
agradecido y cariñoso.

Afirmación de cumpleaños

Afirmación diaria

Una vez al día, desconecta del ruido
y distracciones y dedícate un rato a ti.

JUNIO

Cuanto más celebres la vida, más cosas
descubrirás que merecen ser celebradas.

Afirmación de cumpleaños

176 ♊

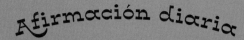

Afirmación diaria

Imagina que la vida es un eco
que te devuelve lo que das.

JUNIO

Encuentra relaciones que te hagan
ser mejor persona y no las dejes.

Afirmación de cumpleaños

Afirmación diaria

Cada nuevo día es una oportunidad
para empezar de cero con alegría.

JUNIO

Deja que cada respiración te inspire
y expira con cariño.

Afirmación de cumpleaños

♊

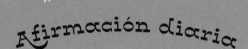

Afirmación diaria

No eres lo que piensas, por eso puedes dejar
que tus pensamientos vengan y vayan sin miedo.

JUNIO

12

Haz una pausa breve para deleitarte
con tu lugar en el mundo.

Afirmación de cumpleaños

Afirmación diaria

Cada instante ofrece un nuevo inicio.
Cada instante. Sin excepciones.

JUNIO

13

Siempre depende de ti la manera
de reaccionar a lo que te pase.

Afirmación de cumpleaños

Afirmación diaria

Repasa tu pasado para alcanzar un nivel
superior en el presente.

JUNIO

Habrá quien te ensalce, habrá quien te denigre.
Algún día les darás las gracias a ambos.

Afirmación de cumpleaños

Afirmación diaria

Si no cambias, no creces, y si no creces,
no estás viviendo.

JUNIO

15

No se te pide que seas el mejor, sino que
intentes ser tu mejor versión.

Afirmación de cumpleaños

♊

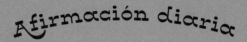
Afirmación diaria

Cada vida será un montón de cosas buenas y un montón de cosas malas. Unas no anulan las otras.

JUNIO

16

Disfruta de todo lo que te ocurra porque significa que sigues vivo.

Afirmación de cumpleaños

Afirmación diaria

Dile al corazón que cada nuevo día
es el mejor.

JUNIO

17

Por el mero hecho de estar vivo,
eres un verdadero milagro.

Afirmación de cumpleaños

No aprenderás nada de lo que salga de tu boca,
de modo que conviene aprender a escuchar.

JUNIO

Cada día es una alegre invitación para
levantarse y ponerse en marcha.

Afirmación de cumpleaños

Afirmación diaria

Cada día te espera algo especial.
Tu deber es encontrarlo.

JUNIO

Puedes encontrar, y de hecho encontrarás,
la ayuda que precises a lo largo del camino.

Afirmación de cumpleaños

Vuelve a comenzar hoy y termina con un nuevo
final del que te sientas orgulloso.

JUNIO

20

No importa el ritmo que sigas,
mientras sigas en marcha.

Afirmación diaria

Recuerda los buenos momentos de tu infancia
y observa la plenitud que sentiste.

JUNIO

21

Reflexiona sobre las intenciones que deseas
fijarte para tu nuevo año personal.

Afirmación de cumpleaños

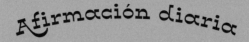

Afirmación diaria

Busca el consejo de aquellos que saben
comunicarse con tu yo nutritivo.

JUNIO

22

Cada día ofrece la oportunidad de renovar
la energía personal.

Afirmación de cumpleaños

Afirmación diaria

Un corazón compasivo empieza
con uno mismo.

JUNIO

23

Tu capacidad de hacer cosas es la renovación
diaria de tu trabajo y aplicación.

Afirmación de cumpleaños

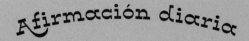
Afirmación diaria

Tus sentimientos son propios, para que reflexiones
a medida que transitan por tu paisaje interior.

JUNIO

24

Celebra tus esfuerzos, además de tus logros.

Afirmación de cumpleaños

Afirmación diaria

Muestra empatía hacia los demás,
pero que no te abrumen sus necesidades.

JUNIO

25

Celebra tu entusiasmo por los aspectos
de la vida que te enriquecen.

Afirmación de cumpleaños

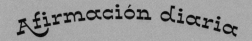

Afirmación diaria

Preocuparte por lo que no está en tus manos
es un derroche de energía: céntrate
en lo que puedas cambiar.

JUNIO

26

El éxito empieza con la inspiración
y continúa con el esfuerzo.

Afirmación de cumpleaños

Afirmación diaria

No escapes de la soledad ocasional:
conlleva sus propias recompensas.

JUNIO

27

Busca tanto la satisfacción como la felicidad
en tu vida cotidiana.

Afirmación de cumpleaños

♋

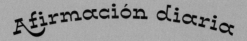

Sé positivo por defecto, porque eso determina
el grado en que conseguirás tu objetivo.

JUNIO

28

Deléitate con placeres sencillos hoy y cada día.

Afirmación de cumpleaños

Afirmación diaria

Encuentra la felicidad preguntando a otra
persona qué necesita y ayudándola.

JUNIO

29

Cambia el «no puedo» por «puedo»
y ponte a crear planes a largo plazo.

Afirmación de cumpleaños

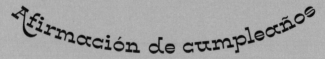

Mirar fuera de tu interior es soñar;
mirar dentro, despertar.

JUNIO

30

Mira en tu interior para encontrar toda la
belleza y amor que andabas buscando.

Afirmación diaria

Cuando estás verdaderamente presente, te
vuelves real, la vida se vuelve real, los demás
se vuelven reales.

JULIO

Date el regalo de no temerle a la vida
y ábrete a sus posibilidades.

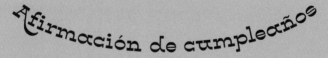

Afirmación de cumpleaños

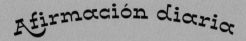

Afirmación diaria

Si te pasas mucho tiempo mirando una puerta
cerrada, te perderás otra que se abre.

JULIO

02

Piensa en tus habilidades y en la mejor
manera de darles uso ahora.

Afirmación de cumpleaños

Afirmación diaria

Decide dejar de criticar a los demás,
incluido y en especial tú mismo.

JULIO

03

Date permiso para «solo ser», que es la mejor
manera de llegar a todo lo que eres capaz.

Afirmación de cumpleaños

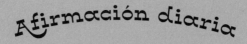

Afirmación diaria

Recuerda que el mero hecho de amar te
conduce por el camino del aprendizaje.

JULIO

Ama donde y cuando puedas,
y espera recibir lo mismo.

Afirmación de cumpleaños

CÁNCER

Afirmación diaria

Permitirte sentir profundamente
es invitar al futuro a acercarse.

JULIO

05

El coraje consiste en mantenerse fiel
a tu estilo singular.

Afirmación de cumpleaños

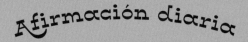

Afirmación diaria

Siempre estás en camino para ser mejor,
pero debes conservar la fe cuando
el trecho sea oscuro.

JULIO

06

Cada cumpleaños te sitúa en la frontera
entre lo que eras y lo que serás.

Afirmación de cumpleaños

Afirmación diaria

Perseguir una idea fija de la felicidad puede
bloquear aquello que te haría
verdaderamente feliz.

JULIO

Busca todas las oportunidades para la alegría
que van a estar ante ti hoy.

Afirmación de cumpleaños

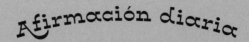
Afirmación diaria

Una olla en busca de tapa siempre se sentirá vacía
y olvidará que sigue siendo capaz de hervir agua.

JULIO

08

El mundo te marcará de muchas formas;
asegúrate de estar presente.

Afirmación de cumpleaños

La verdadera felicidad siempre exige
determinación, esfuerzo y tiempo.

JULIO

Los cambios duraderos no suceden de la noche
a la mañana, por tanto, trabaja con paciencia
hacia tus objetivos.

Afirmación de cumpleaños

La única constante de la vida es el cambio.
Todas las cosas cambian, nada permanece igual.

JULIO

10

Identifica los cambios positivos que deseas
en tu vida y da un paso hacia ellos.

Los pensamientos y sentimientos negativos no
forman parte intrínseca de tu mente, y pasarán.

JULIO

Prométete buscar tiempo para el silencio y para
crear un lugar para encontrarte contigo mismo.

Afirmación de cumpleaños

Concede el regalo de tu atención plena
a todo aquello que hagas y a toda persona
con quien estés.

JULIO

12

Hoy es un nuevo día, y mañana también lo será.
Es el regalo que recibimos constantemente.

CÁNCER

Afirmación diaria

Un pájaro nace con la capacidad de volar;
aun así, debe aprender a hacerlo.

JULIO

13

Extiende las alas, confía en tu talento
y comprueba lo lejos que te llevan.

Afirmación de cumpleaños

Salir de tu zona de confort puede asustar,
pero te hará sentir vivo otra vez.

JULIO

14

Lo único que poseerás de verdad es tu propia
historia, y tu único trabajo consiste en vivirla.

Afirmación de cumpleaños

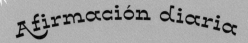

Afirmación diaria

La vida ofrece opciones sin cesar; a ti te
corresponde cuáles aceptar y cuáles declinar.

JULIO

15

Invierte en ti. Si necesitas aprender algo para
alcanzar un sueño, vuelve a estudiar.

Afirmación de cumpleaños

Que debes conformarte con menos
es algo que solo está en tu cabeza.

JULIO

No desperdicies otro día pensando
«Ojalá hubiera hecho eso». Hazlo hoy.

CÁNCER

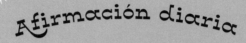

Afirmación diaria

Los errores nos ofrecen algo valiosísimo:
un aprendizaje.

JULIO

17

La vida es lo que va pasando mientras estás
ocupado mirando a otro lado.

Afirmación de cumpleaños

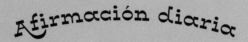

Afirmación diaria

El optimismo y el trabajo hacen funcionar
el mundo, y cualquiera puede practicarlos.

JULIO

18

Recorre la carrera de la vida mirando
hacia delante, nunca hacia atrás.

Afirmación de cumpleaños

CÁNCER

Afirmación diaria

Mantente alejado de las personas
a quienes les incomode que tú seas tú.

JULIO

Busca tres maneras de decirle que sí
a la vida al celebrar tu cumpleaños.

Afirmación de cumpleaños

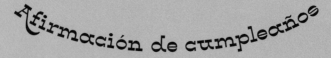

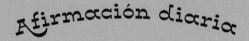

Afirmación diaria

No se supone que debas saber qué pasará.
¿Qué gracia tendría eso?

JULIO

20

No entregues tu poder a otros, lo necesitarás
para conseguir grandes cosas.

Afirmación de cumpleaños

Afirmación diaria

Un montón de rocas no es más que eso hasta que
alguien imagina construir con ellas una catedral.

JULIO

21

Créete que eres especial
para poder ser especial.

Afirmación de cumpleaños

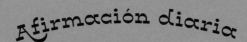
Afirmación diaria

No existe el fracaso. O bien ganarás, o bien
aprenderás una lección valiosa.

JULIO

22

Sé tan bueno que no puedan ignorarte.

Afirmación de cumpleaños

Afirmación diaria

No pierdas tiempo mirando el reloj: haz como
él y sigue en marcha. Siempre.

JULIO

23

Si eres capaz de soñarlo, eres capaz de hacerlo;
de modo que procura soñar cosas grandes.

Afirmación de cumpleaños

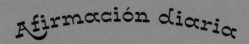
Esmérate para lograr progresos,
no la perfección imposible.

JULIO

24

Un cumpleaños trae nuevas ideas y nuevas
fortalezas para impulsarte y guiarte.

Afirmación de cumpleaños

Afirmación diaria

Si parece que es el fin, puedes estar seguro
de que es el principio.

JULIO

25

Esas cosas que te ilusionan
son la gran clave de tu propósito.

Afirmación de cumpleaños

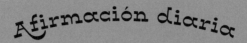

Afirmación diaria

Empieza ahora. Usa lo que tengas
y haz lo que puedas.

JULIO

26

Ocúpate viviendo la vida mayor,
mejor y más plena que puedas.

Afirmación de cumpleaños

Afirmación diaria

Muchas cosas parecerán imposibles,
pero solo hasta que las hayas hecho.

JULIO

27

Despierta con determinación
y acuéstate con satisfacción.

Afirmación de cumpleaños

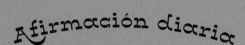
Siempre es un buen día para
que sea el mejor día de tu vida.

JULIO

28

No dejes que nadie decida quién eres;
eso es trabajo tuyo.

Afirmación de cumpleaños

Afirmación diaria

La vida es un diez por ciento lo que te ocurre,
el resto es cómo reaccionas a ello.

JULIO

29

Si todavía no has dado con tu pasión,
sigue buscando hasta encontrarla.

Afirmación de cumpleaños

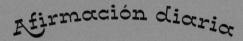

Afirmación diaria

El mañana no está aquí, el ayer ya se fue,
pero ahora mismo es siempre un buen
momento para empezar.

JULIO

30

Pregúntate si lo que estás haciendo ahora
te acerca a lo que deseas hacer.

Afirmación de cumpleaños

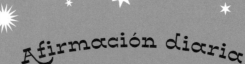

Afirmación diaria

No compares tu vida con la de otros. Tal vez tú
estés en el capítulo 5 y ellos en el 20.

JULIO

31

Las mariposas no resultan bellas escondidas en
su capullo. Ahora es tu momento de brillar.

Afirmación de cumpleaños

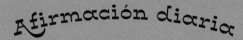

Afirmación diaria

Toda persona de éxito empieza con la creencia
de que puede mejorar el mundo.

AGOSTO

01

Parece un pasito pequeño, pero un día mirarás
atrás y verás el gran salto que fue.

Afirmación de cumpleaños

Afirmación diaria

Un mar en calma no hace
un buen marinero.

AGOSTO

Si deseas emparejarte con la esperanza
y la oportunidad, sal a la pista de baile.

Afirmación de cumpleaños

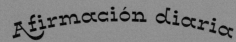

Afirmación diaria

Si quieres ser feliz, acuérdate de mantenerte
alerta a todas las bendiciones de la vida.

AGOSTO

03

Tu forma de vivir la vida es un mensaje
al mundo; haz que resulte inspirador.

Afirmación de cumpleaños

Afirmación diaria

No otorgues a tus problemas el mando de tu
vida; deja que sean los sueños quienes la guíen.

AGOSTO

Sigue poniendo tu empeño y comprueba
que lo mejor está por llegar.

Afirmación de cumpleaños

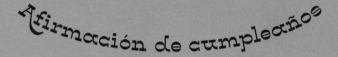

Algunas personas quieren que pase, algunas desean que pase y algunas simplemente hacen que pase.

AGOSTO

05

Si la vida es un gran lienzo, tu tarea consiste en pintarlo con todos los colores de que dispongas.

Afirmación diaria

¿Te has dado cuenta de que las malas
decisiones son capaces de llevarnos en
direcciones correctas?

AGOSTO

06

Hay que ser valiente para convertirse en quien
uno realmente es, por tanto, acuérdate de
recompensar tus esfuerzos.

Afirmación de cumpleaños

Afirmación diaria

No temas nunca fracasar;
teme no haberlo intentado.

AGOSTO

07

Practica más aquello que te hace feliz.
Mucho más.

Afirmación de cumpleaños

Afirmación diaria

Mezcla esfuerzo y valentía con propósito
y dirección, y obtendrás la vida que quieres.

AGOSTO

Debes saber que eres capaz de crear tu
verdadero «yo», con el cual te hará feliz pasar
el resto de tu vida.

Afirmación de cumpleaños

Encuentra el coraje para seguir siempre
el dictado de tu corazón y las corazonadas
intuitivas.

AGOSTO

Todo aquello que necesitas te encontrará
si prometes no detenerte.

Afirmación de cumpleaños

Afirmación diaria

Si no mejora tu vida,
no pertenece a tu vida.

AGOSTO

10

Que pases un buen día, pero puedes estar seguro
de que el mejor día de tu vida aún no ha pasado.

Afirmación de cumpleaños

Afirmación diaria

La noche debe ser muy oscura para que las
estrellas más brillantes luzcan mejor.

AGOSTO

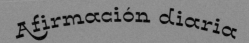

Procura siempre tomar la ruta pintoresca
y apreciar lo que te rodea.

Afirmación de cumpleaños

LEO

Afirmación diaria

La velocidad es irrelevante. Pregúntaselo
a una tortuga o un caracol. Lo importante
es seguir avanzando.

AGOSTO

12

No encontrarás tu grandiosidad en lo que
poseas, porque reside en lo que das.

Afirmación de cumpleaños

Nadie crece cuando las cosas son fáciles.
Todos crecemos con los tiempos difíciles.

AGOSTO

13

Conoce tu valor y acuérdate de aumentar
su interés a diario.

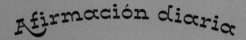

Afirmación de cumpleaños

Afirmación diaria

Si ves algo bello en otra persona,
házselo saber.

AGOSTO

Conserva lo que creas importante y deja que
el resto ocupe su debido lugar o quede lejos.

Afirmación de cumpleaños

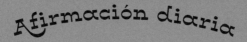

Afirmación diaria

Cuando la vida te ponga en una situación
complicada, no digas «¿Por qué yo?»,
di «Vale, ponme a prueba».

AGOSTO

15

Deja de comerte la cabeza y de apartarte
de tu camino, y celebra que tú eres TÚ.

Afirmación de cumpleaños

Afirmación diaria

Deja de temer lo que podría salir mal
y piensa en lo que podría salir bien.

AGOSTO

Actúa como agente de gracia y bondad
y observa cómo eso marca la diferencia.

Afirmación de cumpleaños

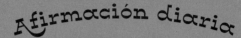

Afirmación diaria

Si practicas, aprenderás a bailar por encima
y alejado de dolorosas decepciones.

AGOSTO

17

Las viejas costumbres no abren puertas nuevas;
busca nuevas maneras de hacer las cosas.

Afirmación de cumpleaños

Afirmación diaria

Haz algo hoy que tu yo futuro agradecerá.

AGOSTO

18

Los pensamientos son solo semillas.
¿Qué quieres cultivar, flores o malas hierbas?

Afirmación de cumpleaños

Afirmación diaria

Observa la magia que ocurre cuando te permites
a ti y a los demás ser quienes realmente sois.

AGOSTO

Crecerás inconmensurablemente a través de las
personas que conozcas y los lugares que visites.

Afirmación de cumpleaños

LEO

Afirmación diaria

Confiar en ti mismo puede ser la lección más
difícil, pero también es la más gratificante.

AGOSTO

20

La vida no es lo que se te da sino lo que creas,
conquistas y consigues.

Afirmación de cumpleaños

Intenta ir un poco más allá: siempre hay sitio
para algo más.

AGOSTO

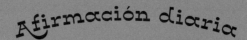

21

La gratitud siempre convertirá lo que ya tienes
en más que suficiente.

Afirmación de cumpleaños

Afirmación diaria

El éxito es un viaje, no un destino.

AGOSTO

22

Si deseas volar, deshazte de todo
lo que te lastre.

Afirmación de cumpleaños

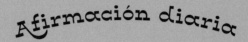

Afirmación diaria

Disponte a empezar cada nuevo día
como si fueras un completo principiante.

AGOSTO

23

Nunca es tarde para convertirte en la persona
que podrías haber sido.

Afirmación de cumpleaños

Afirmación diaria

Cambia tus decisiones, cambia tu vida.

AGOSTO

24

Proponte objetivos: quién sabe qué puede
pasar si los persigues.

Afirmación de cumpleaños

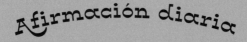

Afirmación diaria

En el momento más oscuro, serás capaz de ver
el brillo de tu luz interior.

AGOSTO

25

Puedes decidir qué y quién deseas ser,
y luego serlo.

Afirmación de cumpleaños

Afirmación diaria

Aquello que busques, sea lo que fuere,
no llegará de la manera que esperas.

AGOSTO

26

Mantente abierto a todas las oportunidades que
se alinean ante ti, en especial las inesperadas.

Afirmación de cumpleaños

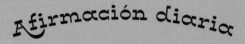

Afirmación diaria

Un regreso es mil veces más poderoso
que un retroceso.

AGOSTO

27

Ama tu vida y ella te amará a ti.

Afirmación de cumpleaños

Afirmación diaria

Tu mente es lo único que puede limitarte,
si dejas que lo haga.

AGOSTO

28

Gusta lo ajeno, más por ajeno... pero quien
cuida lo suyo lo ve más bueno.

Afirmación de cumpleaños

Proponte hacer más cosas cada día
que te hagan olvidar del móvil.

AGOSTO

29

Acuérdate de irte repitiendo:
«Puedo hacerlo y lo haré».

Afirmación de cumpleaños

Afirmación diaria

Empodérate alejándote tranquilamente
de lo que ya no te sirva.

AGOSTO

30

Una vez las cosas cambian en tu interior,
enseguida empiezan a cambiar a tu alrededor.

Afirmación de cumpleaños

TP

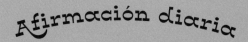
Afirmación diaria

Aquello que más te asusta hacer puede ser
precisamente aquello que te libere.

AGOSTO

31

Sé suficiente para ti mismo: todos los demás
pueden esperar.

Afirmación de cumpleaños

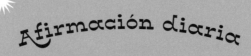
Afirmación diaria

Todo te llegará exactamente en el momento
justo; ten paciencia.

SEPTIEMBRE

Olvídate del plan. Respira. Confía.
Luego observa qué pasa.

Afirmación de cumpleaños

Hay quien se quema en el fuego, pero hay quien se levanta de las cenizas como un ave fénix.

SEPTIEMBRE

02

Pasa tiempo con las personas que te presionan para que llegues a ser tu mejor versión.

Afirmación de cumpleaños

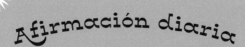

Afirmación diaria

Encuentra la valentía para liberarte de lo que
no puedas cambiar, y la felicidad surgirá.

SEPTIEMBRE

03

Recuerda quién eres y, en cuanto lo hagas,
observa cómo cambian las cosas.

Afirmación de cumpleaños

Hoy es aquel mañana
del que hablabas ayer.

SEPTIEMBRE

Mantente abierto a lo diferente
y sorprendente, y abrázalo.

VIRGO

Afirmación diaria

Tal vez caigas y te rompas,
pero luego te levantarás y sanarás.

SEPTIEMBRE

05

Debería ser fácil confiar en el siguiente capítulo
de tu vida, porque el autor eres tú.

Afirmación de cumpleaños

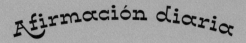

Afirmación diaria

Todo aquello por lo que estás pasando
ahora te prepara para lo que deseas.

SEPTIEMBRE

Decide hoy cómo deseas que sea tu vida,
y no mires atrás.

Afirmación de cumpleaños

Afirmación diaria

Nada es para siempre, lo cual significa
que puedes levantarte de cualquier
caída y regenerarte.

SEPTIEMBRE

Ahora todo depende de ti: cada pensamiento,
cada sentimiento, cada momento.

Afirmación de cumpleaños

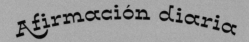

Afirmación diaria

Siéntete feliz con lo que ya tienes y esfuérzate
por lo que deseas.

SEPTIEMBRE

Invierte en ti. Ama incondicionalmente
y sueña a lo grande.

Afirmación de cumpleaños

VIRGO

Afirmación diaria

Te hallarás en las cosas que te inspiran
de verdad, por eso no debes dejar
de perseguirlas nunca.

SEPTIEMBRE

Las flores necesitan tiempo para florecer,
igual que tú.

Afirmación de cumpleaños

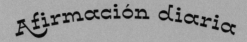

No todos los cambios parecen positivos al
principio, tal vez debas confiar en el proceso.

SEPTIEMBRE

No fuiste creado para ser derrotado, sino
para salir victorioso en la vida.

Afirmación de cumpleaños

Afirmación diaria

Un pájaro en un árbol no teme que la rama
se rompa porque posee alas.

SEPTIEMBRE

Haz como una flor silvestre y prospera
en los lugares más insospechados.

Afirmación de cumpleaños

Afirmación diaria

No hace falta ver toda la escalera para subir
el primer peldaño.

SEPTIEMBRE

12

Un día echarás la vista atrás y verás
que no dejaste de florecer.

Afirmación de cumpleaños

Afirmación diaria

Nada es tan fuerte como la amabilidad y nada
es tan amable como la fuerza verdadera.

SEPTIEMBRE

13

No esperes nada y agradécelo todo.

Afirmación de cumpleaños

ᴍᴘ

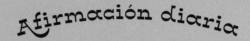
Afirmación diaria

Puedes gritar y llorar, pero que eso alimente tu
progreso en lugar de detenerlo.

SEPTIEMBRE

Acepta lo que es, deja ir lo que fue y confía
de corazón en lo que será.

Afirmación de cumpleaños

Afirmación diaria

Se cambia el mundo con el ejemplo,
no compartiendo las opiniones.

SEPTIEMBRE

15

Siempre estás a una sola decisión
de una nueva visión de la vida.

Afirmación de cumpleaños

Afirmación diaria

Está bien dejar atrás a las personas
que ya no crecen a tu ritmo.

SEPTIEMBRE

16

Puedes ser desarreglado y complicado,
incluso inestable, pero asegúrate
de estar presente igualmente.

Afirmación de cumpleaños

VIRGO

Afirmación diaria

Si deseas prosperar, crea nuevos hábitos
y apaga el piloto automático.

SEPTIEMBRE

Confía en la magia de los nuevos comienzos.

Afirmación de cumpleaños

Sé paciente cuando no tengas nada
y agradecido cuando lo tengas todo.

SEPTIEMBRE

La vida quiere hacerte feliz,
pero primero querrá hacerte fuerte.

VIRGO

Afirmación diaria

Atraemos lo que somos, no lo que queremos;
por tanto, sé grandioso si quieres lo grandioso.

SEPTIEMBRE

Tu fuerza viene de haber superado lo que
creías que iba a terminar contigo.

Afirmación de cumpleaños

Las palabras pueden ser poderosas, pero son las acciones lo que da forma a las vidas.

SEPTIEMBRE

20

Si deseas un cambio, centra toda tu energía en construir lo nuevo.

Afirmación de cumpleaños

Afirmación diaria

Cuanto más callados,
más oímos.

SEPTIEMBRE

21

Como los caracoles, tómatelo con lentitud
y disfruta de verdad la vida.

Afirmación de cumpleaños

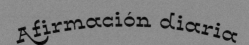

Afirmación diaria

No eres responsable de la felicidad de otros,
solo de la tuya.

SEPTIEMBRE

22

Encuentra el coraje para vivir tu vida como
quieras, no como deseen los demás.

Afirmación de cumpleaños

Afirmación diaria

La única persona que puede dar sentido
a tu vida eres tú.

SEPTIEMBRE

23

No se puede cruzar el océano sin perder
de vista la orilla. Arriésgate.

Afirmación de cumpleaños

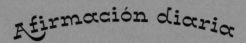

Afirmación diaria

Un día, mirarás hacia atrás con la sabiduría
adquirida y comprenderás que todo tiene sentido.

SEPTIEMBRE

24

La vida puede resultar distinta a lo que esperabas,
pero aprende a adaptarte y todo irá bien.

Afirmación de cumpleaños

Afirmación diaria

Todas las cosas llegan a un final –la juventud,
la vida, el amor–, por eso son tan valiosas.

SEPTIEMBRE

25

Cuida a las personas que al ver tus singularidades
digan «¡Yo también!». Esa es tu tribu.

Afirmación de cumpleaños

En ocasiones, solo una buena sacudida nos coloca en el lugar donde debemos estar.

SEPTIEMBRE

26

No mires atrás: no vas en esa dirección.

Afirmación de cumpleaños

Afirmación diaria

Aprenderás que las personalidades más
impresionantes llevan las cicatrices más dolorosas.

SEPTIEMBRE

27

Un nuevo impulso alimentará
tu progreso en la vida.

Afirmación de cumpleaños

♎

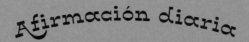
¿Y si te han puesto ante esta montaña para
que demuestres que escalarla es posible?

SEPTIEMBRE

28

Quizás encuentres lo que andas buscando
o quizás encuentres algo mucho mejor.

Afirmación de cumpleaños

Afirmación diaria

Las personas no se cruzan en tu camino
por accidente: conoces a las personas
que debes conocer.

SEPTIEMBRE

No dejes que nadie te arrebate la alegría.

Afirmación de cumpleaños

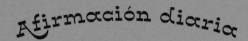

Afirmación diaria

Detrás de cada cara hay una persona
que seguramente agradecería un poco más
de amabilidad.

SEPTIEMBRE

30

Hoy puedes empezar el futuro
que ideaste ayer.

Afirmación de cumpleaños

Afirmación diaria

Algunas tormentas no llegan para perturbar
tu vida, sino para despejarte el camino.

OCTUBRE

Si no se abre, no es tu puerta:
busca otra.

Afirmación de cumpleaños

Afirmación diaria

Si parece una lucha contracorriente,
imagina la vista que tendrás desde arriba.

OCTUBRE

02

Haz que hoy sea un día para ver la luz
que brilla en todo.

Afirmación de cumpleaños

Afirmación diaria

Las personas pueden inspirarte o agotarte:
elígelas bien.

OCTUBRE

03

Libérate del pasado y deja que el pasado
te libere a ti.

Afirmación de cumpleaños

Afirmación diaria

Cuando tengas ganas de rendirte,
recuerda por qué empezaste.

OCTUBRE

Hoy no te levantaste de la cama
para ser mediocre.

Afirmación de cumpleaños

Afirmación diaria

No reacciones de un salto: respira hondo
y luego responde.

OCTUBRE

05

Una vez veas lo que de verdad vales,
no querrás estar con quienes no lo vean.

Afirmación de cumpleaños

Afirmación diaria

No hallarás la pasión si insistes en jugarte poco
y conformarte con menos.

OCTUBRE

Algunos recuerdos no se borran y se vuelven
una parte importante de ti.

Afirmación de cumpleaños

Afirmación diaria

Cada día estás escribiendo tu legado;
haz que valga la pena.

OCTUBRE

07

Rodéate de los que sueñan y los que actúan,
los que piensan y los que creen.

Afirmación de cumpleaños

Afirmación diaria

Puede parecer que nada es seguro,
pero eso solo significa que todo es posible.

OCTUBRE

08

Deja atrás lo pasado para poder alcanzar
lo que se te presenta ahora.

Afirmación de cumpleaños

Afirmación diaria

Si no das un paso adelante, siempre estarás
encallado en el mismo lugar.

OCTUBRE

Promete crear belleza en tu vida,
cueste lo que cueste.

Afirmación de cumpleaños

Afirmación diaria

Si has conocido el desespero,
habrás aprendido a valorar la esperanza.

OCTUBRE

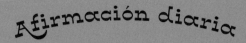

Las bendiciones están de camino.
Solo has de pedirlas.

Afirmación de cumpleaños

Afirmación diaria

Tu manera de caminar con los abatidos revela
lo que consideras importante.

OCTUBRE

Intenta disfrutar del lugar donde estás ahora
porque vas a moverte dentro de poco.

Afirmación de cumpleaños

El mundo está lleno de lugares bonitos.
Asegúrate de que tu corazón sea uno.

OCTUBRE

12

Acuérdate de dar gracias a todos los que
han marcado una diferencia en tu vida.

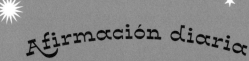

Afirmación diaria

Viaja lo bastante lejos como para encontrarte.

OCTUBRE

13

No te preocupes por lo que suceda dentro
de un año, céntrate en las próximas
veinticuatro horas.

Afirmación de cumpleaños

Tal vez tarde uno, dos o diez años, pero llegará
el momento que cambiará tu vida.

OCTUBRE

Hazlo por ti.

Afirmación diaria

La recuperación es un proceso lento que
requiere tiempo, paciencia y esperanza.

OCTUBRE

Si una cosa está alineada con tu propósito,
hazla.

Afirmación de cumpleaños

Afirmación diaria

Tu situación actual nunca
es tu destino final.

OCTUBRE

Tal vez necesites perderte un poco
para encontrar un camino mejor.

Afirmación de cumpleaños

Afirmación diaria

La integridad lo es todo.
¡Todo!

OCTUBRE

17

Si es bueno para ti, sucederá.
Cuando suceda, da las gracias.

Afirmación de cumpleaños

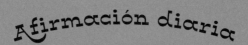

Afirmación diaria

Los días que amenazan con romperte
son los días que acaban formándote.

OCTUBRE

18

En ocasiones, no conseguir lo que quieres
resulta ser un maravilloso golpe de suerte.

Afirmación de cumpleaños

Afirmación diaria

Aquello que venga, déjalo venir; aquello
que se vaya, déjalo ir; aquello que se quede,
déjalo quedar.

OCTUBRE

Una buena actitud asegura un buen día,
luego un buen mes y luego un buen año.

Afirmación de cumpleaños

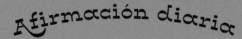

Afirmación diaria

No te encadenes nunca a una rutina tediosa
que acabe con tus sueños.

OCTUBRE

20

El mayor riesgo que puedes correr es permitir
que alguien te vea tal como eres.

Afirmación de cumpleaños

Afirmación diaria

Si te tiran piedras, recógelas y construye
un imperio con ellas.

OCTUBRE

21

En tu interior existe una vocecita que no habla
con palabras, aprende a escucharla.

Afirmación de cumpleaños

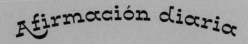

Afirmación diaria

No importa de dónde vengas,
lo que cuenta es adónde vayas.

OCTUBRE

22

Piensa en todo aquello que eres en lugar
de pensar en lo que no eres.

Afirmación de cumpleaños

Afirmación diaria

La vida es como la lente de una cámara: solo hay que enfocarla en las cosas importantes.

OCTUBRE

23

La felicidad vendrá de tus propias decisiones y acciones.

Afirmación de cumpleaños

♏

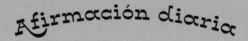

Afirmación diaria

Las mejores cosas del mundo no se ven:
hay que sentirlas en el corazón.

OCTUBRE

24

Si crees que puedes, ya estás a medio camino.

Afirmación de cumpleaños

Afirmación diaria

Juzga cada día no por la cosecha que
obtengas sino por las semillas que plantes.

OCTUBRE

25

Hoy, elige la vida, con todas sus dificultades,
alegrías, felicidad y dolor.

Afirmación de cumpleaños

♏

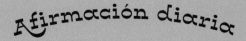
Afirmación diaria

El secreto del éxito consiste en ponerlo todo de
tu parte –mente, cuerpo y alma– en cada acto.

OCTUBRE

26

Deja ir la vida que planificaste para aceptar
y dar la bienvenida a la que te espera.

Afirmación de cumpleaños

ESCORPIO

Afirmación diaria

Que tu alcance siempre exceda y se extienda
más allá de tu agarre.

OCTUBRE

27

Tus circunstancias no dictan lo lejos que
puedes llegar, son solo un punto de partida.

Afirmación de cumpleaños

♏

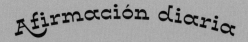

Afirmación diaria

Todo lo que está detrás y delante de ti no es nada
en comparación con lo que yace en tu interior.

OCTUBRE

28

Aprende a estar quieto para que la vida
se desarrolle en medio de dicha calma.

Afirmación de cumpleaños

Afirmación diaria

Tus decisiones dan forma
a tu destino.

OCTUBRE

Tu vida es tu aventura. Mantente positivo,
venga lo que viniere.

Afirmación de cumpleaños

♏

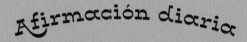

Afirmación diaria

No habites en el pasado ni anheles el futuro,
concéntrate en el «ahora».

OCTUBRE

30

No «pases» por la vida, intenta siempre
«crecer» a través de ella.

Afirmación de cumpleaños

Juega todas las cartas en tu mano.

OCTUBRE

31

La vida no trata de encontrarte,
sino de crearte.

Afirmación de cumpleaños

♏

Afirmación diaria

El éxito consiste en aprender a querer
solo lo que necesitas.

NOVIEMBRE

01

El tiempo que pasamos en la Tierra es precioso, no
te apresures y busca momentos para oler las flores.

Afirmación de cumpleaños

ESCORPIO

Afirmación diaria

La vida no se planifica, hay que mostrarse
disponible ante las oportunidades que ofrece.

NOVIEMBRE

02

Haz tanto bien como puedas,
y verás cómo la felicidad gravita hacia ti.

Afirmación de cumpleaños

♏

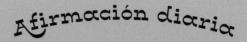
Afirmación diaria

Mantén siempre los ojos bien abiertos,
porque nunca sabes lo que te inspirará.

NOVIEMBRE

03

Si el plan no funciona, cámbialo,
pero cíñete siempre al objetivo.

Afirmación de cumpleaños

ESCORPIO

Nada crecerá en tu zona de confort;
ten la valentía de salir de ella.

NOVIEMBRE

Tómate en serio todos tus sueños,
son tu mejor esperanza para el futuro.

Afirmación de cumpleaños

324

Afirmación diaria

La felicidad no se encuentra «ahí fuera»,
pues reside en tu interior.

NOVIEMBRE

05

No puedes cambiar la dirección del viento,
pero puedes reorientar las velas.

Afirmación de cumpleaños

ESCORPIO

Afirmación diaria

Optar por el cambio tal vez no sea cómodo ni
fácil, pero es un riesgo que siempre vale la pena.

NOVIEMBRE

Nunca se es demasiado viejo
para tener sueños nuevos.

Afirmación de cumpleaños

♏

Los logros de hoy
son los sueños de ayer.

NOVIEMBRE

Sigue orientado al sol y las sombras siempre
quedarán detrás de ti.

Afirmación de cumpleaños

ESCORPIO

Afirmación diaria

No permitas que el ayer se trague
demasiado del hoy.

NOVIEMBRE

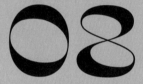

Confía en que aunque vayas donde te
propongas, acabarás donde debes estar.

Afirmación de cumpleaños

♏

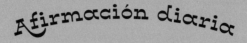

Afirmación diaria

Deja de hablar de lo que deseas hacer
y ponte a hacerlo.

NOVIEMBRE

Un optimista ve la oportunidad
en cada cosa.

Afirmación de cumpleaños

Afirmación diaria

El fracaso significa que la idea era buena,
pero quizás aún no disponías de todas
las herramientas.

NOVIEMBRE

Haz algo que realmente te guste,
y tu visión te impulsará.

Afirmación de cumpleaños

♏

El talento determina lo que eres capaz de hacer,
pero la actitud determina lo bien que lo harás.

NOVIEMBRE

Sé fiel a tu yo auténtico y nunca dejes
que nadie te distraiga.

Afirmación de cumpleaños

ESCORPIO

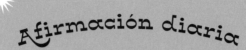

Afirmación diaria

Un líder se centra en las soluciones,
no en los problemas.

NOVIEMBRE

12

Que tus elecciones reflejen tus esperanzas,
no tus miedos.

Afirmación de cumpleaños

♏

Para conseguir tus objetivos, llega tan lejos
como puedas y luego da un paso más.

NOVIEMBRE

13

Cada día es un nuevo comienzo,
empieza de cero sin importar el pasado.

Afirmación de cumpleaños

Afirmación diaria

Haz de tu vida interior tu centro de atención
y todo lo que necesites te llegará.

NOVIEMBRE

Respira, confía, suelta y ábrete
a lo que ocurra.

Afirmación de cumpleaños

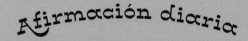

Afirmación diaria

No te apresures a retomar viejas costumbres
solo porque te resulten familiares y seguras.

NOVIEMBRE

15

Nunca asumas que lo que es bueno para ti es
bueno para todo el mundo.

Afirmación de cumpleaños

Afirmación diaria

Día a día, cada detalle cuenta para llevarte
a un lugar maravilloso.

NOVIEMBRE

16

Planta las semillas del compromiso para
con tus objetivos, y observa cómo crecen.

Afirmación de cumpleaños

♏

Todo lo que sube baja, aunque a veces
hay que esperar turno.

NOVIEMBRE

Cuida las amistades
que te cuiden.

Afirmación de cumpleaños

Afirmación diaria

Los caminos difíciles suelen conducir
a bellos destinos.

NOVIEMBRE

18

Tu mente es poderosa; llénala de pensamientos
positivos para aprovechar ese poder.

Afirmación de cumpleaños

Obtendrás el éxito en el momento
en que tú decidas.

NOVIEMBRE

Cada día eres un poco más tú
que el día anterior.

Afirmación de cumpleaños

Actúa como si marcaras la diferencia y,
sin darte cuenta, la marcarás.

NOVIEMBRE

20

Cuanto más agradecido,
más presente estarás.

Afirmación de cumpleaños

Por difícil que sea,
vas a conseguirlo.

NOVIEMBRE

21

Eres más valiente de lo que crees, más fuerte
de lo que pareces y más listo de lo que piensas.

Afirmación diaria

Exígete: no esperes
a que lo haga otro.

NOVIEMBRE

22

No permitas que nadie atenúe
la chispa de tu alma.

Afirmación de cumpleaños

♐

Si alguien expresa dudas acerca de lo lejos que
puedes llegar, aléjate lo suficiente para no oírle.

NOVIEMBRE

23

Siempre experimentarás algún fracaso
de camino hacia el éxito.

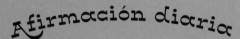

Afirmación de cumpleaños

Afirmación diaria

En ocasiones, un momento debe convertirse
en un recuerdo para que comprendamos
su verdadero valor.

NOVIEMBRE

24

Donde hay amor real,
siempre hay inspiración.

Afirmación de cumpleaños

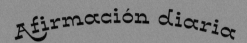

Afirmación diaria

Si piensas lo mismo que siempre,
obtendrás lo mismo de siempre.

NOVIEMBRE

25

Si tus sueños no te ilusionan,
has de soñar algo mayor.

Afirmación de cumpleaños

Afirmación diaria

Si quieres llegar al éxito, céntrate en tus objetivos, no en las piedras del camino.

NOVIEMBRE

26

La intrepidez es como un músculo: cuanto más se pone en práctica, más fuerte crece.

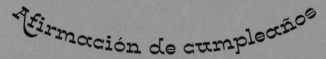

Afirmación de cumpleaños

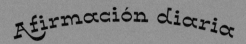
Afirmación diaria

Si nunca corres un riesgo,
acabarás arriesgándolo todo.

NOVIEMBRE

27

Tu verdadero poder radica en aprender
a conocerte a la perfección.

Afirmación de cumpleaños

Afirmación diaria

Cuando te canses, aprende a descansar
en lugar de abandonar.

NOVIEMBRE

28

No te convertirás exactamente en quien
quieres convertirte si sigues siendo como eres.

Afirmación de cumpleaños

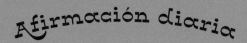

Afirmación diaria

Puedes atascarte al principio,
pero siempre puedes cambiar el final.

NOVIEMBRE

29

La vida no viene con mando a distancia;
hay que levantarse para cambiar de canal.

Afirmación de cumpleaños

Afirmación diaria

Obtienes aquello por lo que te esfuerzas,
no aquello que simplemente deseas.

NOVIEMBRE

30

Mirada al frente. Mente concentrada.
Corazón listo. Empieza el juego.

Afirmación de cumpleaños

↗

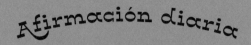
Afirmación diaria

Esfuérzate al máximo en silencio
y deja que el ruido sea tu éxito.

DICIEMBRE

Eres el proyecto más maravilloso en el que
jamás gozarás del privilegio de trabajar.

Afirmación de cumpleaños

Afirmación diaria

Tu camino puede ser distinto,
pero eso no significa que estés perdido.

DICIEMBRE

Recuerda lo lejos
que has llegado.

Afirmación de cumpleaños

Afirmación diaria

Pasan cosas que te rompen el corazón,
pero aguzan tu vista.

DICIEMBRE

03

Todavía no se ha inventado un ascensor hasta el
éxito, de modo que hay que tomar las escaleras.

Afirmación de cumpleaños

Afirmación diaria

La valentía no es la ausencia de miedo,
sino el coraje de seguir a pesar de él.

DICIEMBRE

No es la montaña lo que necesitas conquistar,
sino tu propio miedo.

Afirmación de cumpleaños

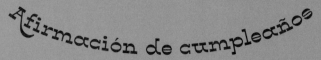

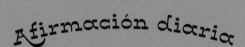

Afirmación diaria

No andes ocupado,
sé productivo.

DICIEMBRE

05

No desperdicies más tiempo esperando
el mañana.

Afirmación de cumpleaños

Afirmación diaria

La vida es un círculo, de modo que si afrontas
tiempos difíciles, debes saber que los buenos
tiempos están de camino.

DICIEMBRE

Tu éxito se fundamenta en los pequeños
esfuerzos que se repiten día tras día.

Afirmación de cumpleaños

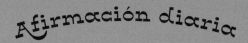
Afirmación diaria

Nunca sabrás lo fuerte que eres hasta
que ser fuerte sea tu única opción.

DICIEMBRE

Aunque estés en el buen camino,
te atropellarán si te limitas a quedarte parado.

Afirmación de cumpleaños

Afirmación diaria

Nunca dejes que un tropiezo en el camino
sea motivo para finalizar el viaje: no lo es.

DICIEMBRE

Camina descalzo. Escucha el viento.
Absorbe los rayos de sol. Sé mágico.

Afirmación de cumpleaños

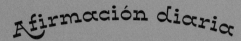

Afirmación diaria

La disciplina es el puente
entre los objetivos y su logro.

DICIEMBRE

El poder no es un regalo:
hay que decidir hacerse con él.

Afirmación de cumpleaños

Afirmación diaria

Caer es un accidente,
pero no levantarse es una elección.

DICIEMBRE

Aprovecha el día,
y todos los días que sigan a este.

Afirmación de cumpleaños

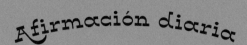

Afirmación diaria

Nos elevamos más cuando ayudamos
a otros a ascender.

DICIEMBRE

A un tigre no le quita el sueño la opinión
de una oveja.

Afirmación de cumpleaños

Afirmación diaria

No te levantes con lamentos por ayer,
céntrate en lo que harás hoy.

DICIEMBRE

12

Surgiste del amor, para ser amado
y para extender y compartir el amor.

Afirmación de cumpleaños

No temas el éxito y sin darte cuenta renuncies
a él antes de alcanzarlo.

DICIEMBRE

13

Las pequeñas cosas hacen grandes
y memorables algunos días.

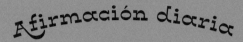

Afirmación de cumpleaños

Afirmación diaria

Olvida el error, pero recuerda la lección.

DICIEMBRE

Un día o día uno: tú eliges.

Afirmación de cumpleaños

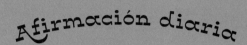

Afirmación diaria

El objetivo no es vivir para siempre,
sino crear algo que dure siempre.

DICIEMBRE

15

Naciste como original,
no mueras como una copia.

Afirmación de cumpleaños

Afirmación diaria

Si deseas un lugar en la mesa,
prueba a presentarte con algo especial.

DICIEMBRE

Diséñate una vida que te sientas
inspirado a vivir.

Afirmación de cumpleaños

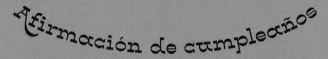

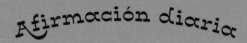
Afirmación diaria

Si la vida dice que dejes algo
es porque hay otra cosa mejor.

DICIEMBRE

17

Haz lo que sabes que es correcto,
no lo que parece fácil.

Afirmación de cumpleaños

Afirmación diaria

Si crees que eres demasiado pequeño para marcar
la diferencia, acuérdate de que las acciones
pequeñas suman y consiguen grandes cambios.

DICIEMBRE

Abre el corazón a las maravillas del mundo,
esa es su recompensa.

Afirmación de cumpleaños

Afirmación diaria

No compares tu vida con la de otra persona;
su viaje no es el mismo que el tuyo.

DICIEMBRE

Sé tu mejor amigo,
cada día.

Afirmación de cumpleaños

Afirmación diaria

Olvida la excusa «No tengo tiempo»:
tu día tiene veinticuatro horas,
como los días de los grandes.

DICIEMBRE

20

Escribe una carta a tu futuro y dile:
«Estoy listo».

Afirmación de cumpleaños

↗

Afirmación diaria

Busca oportunidades en medio
de cada dificultad.

DICIEMBRE

21

Del mismo modo que el agua siempre
encuentra su nivel, lo que deba pasar, pasará.

Afirmación de cumpleaños

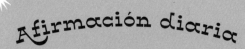
Afirmación diaria

Crecer como persona no siempre es cómodo,
pero siempre está a tu alcance.

DICIEMBRE

22

Tu manera de afrontar algo determinará
a su vez lo que se te presente.

Afirmación de cumpleaños

Tu talento abrirá la puerta, pero la manera
en que lo uses es lo que te mantendrá dentro.

DICIEMBRE

23

Cambia de perspectiva si es necesario,
para garantizar que siempre exista
un elemento de diversión.

Afirmación de cumpleaños

Afirmación diaria

Si socava tu energía de algún modo,
replantéate si es bueno para ti.

DICIEMBRE

24

Opta por centrarte en lo positivo y comprueba
la diferencia que eso marca.

Afirmación de cumpleaños

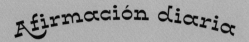
Lo que tú vales es cosa tuya
y no deben decidirlo otros.

DICIEMBRE

25

Lo que quieres de la vida llegará cuando
tu corazón esté listo para alojarlo.

Afirmación de cumpleaños

Afirmación diaria

¿Las personas que te hacen sentir excesivo?
No son para ti.

DICIEMBRE

26

La vida puede ser dura, sí; pero si hace falta,
tú también.

Afirmación de cumpleaños

Preocuparse no hace desaparecer
los problemas, solo roba paz.

DICIEMBRE

27

Haz que tú seas la prioridad
de tu propia vida.

CAPRICORNIO   377

Afirmación diaria

Sé rápido en escuchar,
pero lento en hablar.

DICIEMBRE

28

Si no sabes qué obstaculiza tus sueños,
mira más allá de lo obvio.

Afirmación de cumpleaños

No te quedes demasiado tiempo allí
donde te duela el corazón.

DICIEMBRE

29

Cede el control y busca los regalos escondidos
que resulten de ello.

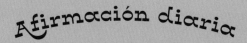

Afirmación de cumpleaños

Afirmación diaria

Olvida cómo piensas que debería ser
y acéptalo como es.

DICIEMBRE

30

Sé lo bastante listo como para entrar
por cualquier puerta que se te abra.

Afirmación de cumpleaños

Aquello que pierdas regresará con una forma
nueva; no malgastes tiempo en lamentaciones.

DICIEMBRE

31

Un diamante es un pedazo de carbón
que floreció bajo presión.

Afirmación de cumpleaños

CAPRICORNIO

ACERCA DE LA AUTORA

Stella Andromeda estudia la astrología desde hace más de 30 años, convencida de que el conocimiento de las constelaciones y su potencial para la interpretación psicológica es una herramienta útil. La extensión de sus estudios en forma del libro que sostienes en tus manos da acceso a las ideas modernas sobre la antigua sabiduría de las estrellas, y aquí comparte su pasión por la reflexión y el autoconocimiento que nos empoderan. Con su sol en Tauro, ascendente en Acuario y luna en Cáncer, Stella se sirve de tierra, aire y agua para inspirar su propio viaje astrológico.

Stella Andromeda es, además, la autora de la serie de doce libros *Signos del Zodíaco*, sobre los signos astrológicos solares, junto con *Love Match* (publicados por Cinco Tintas), y *Cat Astrology, Dog Astrology* y *AstroBirthdays*.

AGRADECIMIENTOS

Gracias como siempre al equipo editorial por su compromiso con esta serie astrológica, y también a Kate Pollard, su editora original. Debo un agradecimiento especial también a Evi O. por su hermoso diseño e ilustraciones.

383

La edición original de esta obra ha sido publicada
en el Reino Unido en 2022 por Hardie Grant Books,
sello editorial de Hardie Grant Publishing, con el título

Astro Affirmations

Traducción del inglés
Gemma Fors

Av. Diagonal, 402 – 08037 Barcelona
www.cincotintas.com

Primera edición: febrero de 2024

Impreso en China
Depósito legal: B 16408-2023
Código Thema: VS
Autoayuda, desarrollo personal y consejos prácticos

ISBN 978-84-19043-35-1